André Stern

# ... UND ICH WAR NIE IN DER SCHULE

**ZS Sachbuch**
Eine Kooperation der ZS Verlag Zabert Sandmann GmbH
und der Elisabeth Sandmann Verlag GmbH.
**www.zsdebatten.com**

Innenlayout: Werner Kopp, Georg Feigl
Umschlaggestaltung: Pauline Schimmelpenninck
Umschlagfoto (rechts): Kai-Uwe Nielsen
Herstellung: Karin Mayer, Peter Karg-Cordes
Lithografie: Christine Rühmer
Druck und Bindung:
Mohn media Mohndruck GmbH, Gütersloh

1. Auflage 2009
ISBN 978-3-89883-228-1

André Stern

# … UND ICH WAR NIE IN DER SCHULE

Geschichte eines glücklichen Kindes

Aus dem Französischen
von Eva Plorin

ZABERT
SANDMANN

André Stern, 1971 in Paris geboren, ist Musiker, Komponist, Gitarrenbaumeister, Journalist und Autor. Er unterrichtet Musik, hält Vorträge, arbeitet intensiv im Bereich Informatik und bekleidet mit großem Erfolg verschiedene Positionen in der Tanz- und Theaterwelt. Er ist ein glücklicher Mensch – beruflich und sozial erfüllt. Und er ist nie zur Schule gegangen, denn in Frankreich gibt es keine Schulpflicht. Weil er immer wieder nach seinem ungewöhnlichen Bildungsweg gefragt wird, hat er sich entschlossen, über dieses Thema ein Buch zu schreiben.

Für Delphine

Als kleiner Junge hatte ich die immerwährenden Fragen der Leute irgendwann satt, die erstaunt waren, mich frei herumlaufen zu sehen, während alle anderen Kinder in der Schule saßen. Also legte ich mir einen kleinen Satz zurecht, um mich ein für alle Mal vorzustellen:

»Bonjour, ich heiße André, ich bin ein Junge, esse keine Bonbons *und zur Schule gehe ich nicht!*«

Diese letzte Äußerung sorgte üblicherweise für eine gewisse Aufregung; und das ist auch heute noch der Fall.

Mit diesem Buch erzähle ich meine Geschichte. Die Geschichte eines Kindes, das nicht zur Schule geht, und die Geschichte des Erwachsenen, zu dem dieses Kind in aller Freiheit herangewachsen ist.

Es handelt sich weder um eine Anleitung zum Nonkonformismus noch um eine Sammlung von Patentrezepten oder eine Autobiografie, sondern vielmehr um einen Bericht. Meine Erlebnisse, meine Lernprozesse, die Art und Weise, wie und wann ich mir Fähigkeiten und Fertigkeiten angeeignet habe, sind Teil einer vollkommen persönlichen Entwicklung. Der Versuch, sie zu verallgemeinern oder auf jemand anderen zu übertragen, wäre unsinnig.

Doch ebenso abwegig wäre es zu glauben, dass dieses Buch die Geschichte eines außergewöhnlichen, eines hochbegabten Kindes erzählt. Jedes Kind in einer vergleichbaren Lage würde auf seine eigene Weise eine ebenso facettenreiche, vielseitige und einzigartige Entwicklung durchlaufen.

Dieses Buch will die Vielfalt und Individualität der Interessen und Lernweisen aufzeigen, die sich entfalten können, wenn ein Kind nicht nach Lehrplan lernt. Dieses Buch bietet die Gelegenheit, sich selbst ein Bild davon zu machen, ob ein Mensch, der nicht zur Schule geht, notwendigerweise zu bemitleiden ist und zwangsläufig zu einem asozialen, analphabetischen, primitiven und einsamen Wilden heranwächst.

# Bevor ...

... ich Ihnen von meiner Kindheit berichte, muss ich zunächst erzählen, woher ich komme.

## Papa

Mein Vater Arno Stern wird 1924 in Kassel als Sohn von Isidor und Martha Stern in eine deutsche Industriellenfamilie hineingeboren. Die ersten neun Jahre seines Lebens sind sehr glücklich.

Isidor Stern war während des Ersten Weltkriegs mit 19 Jahren (anstelle seines älteren Bruders, der bereits Familienvater war) freiwillig in den Krieg gezogen und als Dragoner an der Front verwundet worden. Er war ein entschlossener, großzügiger und gläubiger Mensch. Nach dem Krieg hatte er seinen eigenen Hausstand gegründet und widmete sich, unermüdlich den schwierigen Jahren der Weltwirtschaftskrise trotzend, dem Glück seiner Familie.

Mein Vater erinnerte sich sehr gut an seine Kindheit, und er erzählte uns immer wieder von den Spielen mit seiner Mutter, von ihrer Kakteensammlung, von seinem Vater, der morgens mit einem Köfferchen das Haus verließ, um seinen Arbeitern den Tageslohn auszuzahlen.

Vor einigen Jahren begleitete ich Papa auf eine nostalgische Reise: Er fand die Wohnung seiner Kindheit in einem der wenigen Stadtviertel Kassels, die von den Bombardierungen während des Zweiten Weltkriegs verschont geblieben waren, nahezu unverändert vor.

In den 1930er Jahren verfolgt mein Großvater, der über verschiedene Bekannte gut informiert ist, mit Sorge die politischen Entwicklungen. Als er 1933 die Antrittsrede Adolf Hitlers hört, fasst er unverzüglich den Entschluss, mit seiner Familie das Land zu verlassen.

Er hat für sein Vaterland gekämpft, seine Familie ist deutsch und seine militärischen Heldentaten sollten ihn vor Übergriffen eigentlich schützen, aber an seiner Entscheidung ist nicht zu rütteln. In aller Heimlichkeit wird ein Wagen organisiert.

Der kleine Arno spielt im Hof des Wohnhauses mit seinem roten Tretauto, als ihn plötzlich seine Mutter ruft: Arno, komm schnell! Er möchte noch sein Auto parken, doch Martha dringt darauf, dass er es stehen lässt und sofort mit ihr kommt. Es stand nicht mehr im Hof, als wir 67 Jahre später zurückkamen.

Sämtliches Hab und Gut wird zurückgelassen. Es folgen eine lange Reise nach Frankreich, eine vollständige Entwurzelung, ein Leben als Heimatlose, eine armselige Unterkunft zunächst in Mulhouse, später in Montbéliard. Isidor putzt Fenster, Martha wird Stickerin und Arno geht zur Schule. Weil er kein Französisch spricht, geht er in eine Klasse, in der die Mitschüler vier Jahre jünger sind. Einer seiner Klassenkameraden, der kleine Jacques Greys, ist von ihm fasziniert, die anderen Jungen schlagen und schimpfen ihn »sale boche« – dreckigen Deutschen.

Doch binnen Kurzem hat er sich integriert und avanciert zum Klassenbesten – in einem Kopf-an-Kopf-Rennen mit Jacques, der ein Leben lang sein Freund bleiben wird.

Mein Großvater arbeitet mit ganzer Kraft am Aufbau einer neuen Existenz, während Martha geschickt dafür sorgt, der Familie in den unsicheren Verhältnissen ein Gefühl von Zuhause zu geben.

Angesichts der näher rückenden deutschen Armee verlassen meine Großmutter und mein Vater im Juni 1940 Montbéliard, während mein Großvater, der sich als freiwillige Hilfskraft zur französischen Armee gemeldet hat, ihnen später zu Fuß folgen soll.

Nach verschiedenen, oft dramatischen Zwischenfällen ist die Familie schließlich in Valence wieder vereint, das zu dieser Zeit noch nicht von den Deutschen besetzt ist. Aber bereits ein Jahr später bleibt der Familie nur die erneute Flucht.

Diesmal flüchten sie in die Schweiz. Den Diensten eines Schleppers sowie dem Instinkt meines Großvaters ist es zu verdanken, dass dieses heikle Unterfangen gelingt.

Die weiteren Kriegsjahre werden die Sterns in Arbeitslagern für Flüchtlinge verbringen; mein Vater und mein Großvater in dem einen, meine Großmutter in einem anderen. Die Lebensumstände sind elend, die Arbeit ist hart, aber das Überleben ist gesichert. In diesen Lagerbaracken entdeckt der junge Arno die Musik, die ihm unentbehrlich wird.

Es kommt das Jahr 1944. Der Himmel über Deutschland verfärbt sich jeden Abend unter den Bombardierungen der Alliierten glutrot. Das Radio verkündet die Niederlagen der Wehrmacht, doch der Krieg dauert an.

Nach der Befreiung Frankreichs kehrt die Familie Stern nach Montbéliard zurück. Das Land liegt in Trümmern, jeder bemüht sich um den Wiederaufbau. Mein Großvater macht sich ein weiteres Mal daran, aus dem Nichts eine Existenz aufzubauen.

Gemeinsam mit seiner Frau fertigt er Schulterpolster an und bald schon ist das Unternehmen *Aux trois étoiles* (Die drei Sterne) geboren. Arno, der »dritte Stern«, übernimmt den Außendienst. Er besucht die Kundschaft, reist oft nach Paris und nimmt dort die Bestellungen auf. Die Schulterpolster verkaufen sich gut, das Unternehmen wächst und man stellt Arbeiterinnen ein.

Einige Zeit später erhält der junge Arno das Angebot, in einem Kinderheim für Kriegswaisen in einem Pariser Vorort zu arbeiten. Er nimmt diese Stelle an. Man betraut ihn mit der Beschäftigung von Kindern, deren Eltern deportiert wurden. Er hat diesen Beruf nicht erlernt (Arno hat gar keinen Beruf erlernt), so kann er ihn von Grund auf erfinden und benützt dazu die begrenzten Mittel, die ihm zur Verfügung stehen.

Er beschafft Zeichenmaterial: Die Kinder sind begeistert. In immer größerer Zahl kommen sie zu ihm – eine richtige Überflutung. Es entstehen ganz selbstverständlich ein Ort (der Malort) und eine Rolle (die dienende Rolle im Malort), die es zuvor nicht gab. Arno verschreibt sich mit Leib und Seele deren Ausbau.

Als das Kinderheim geschlossen wird, beschließt er, in Paris einen Malort zu eröffnen – der umgehend zu einem großen Erfolg wird.

Im Jahr 1948 bringt seine erste Frau einen Sohn zur Welt: Sie nennen ihn Bertrand.

Wenig später bezieht Arno mit seinem Atelier, das er *Académie du Jeudi* (Donnerstagsakademie) nennt, neue Räumlichkeiten im Quartier Saint-Germain-des-Prés. Sein Bekanntheitsgrad wächst, er veröffentlicht seine ersten Bücher, die Malstunden sind ausgebucht und die Presse überschlägt sich vor Begeisterung.

Mitte der 1960er Jahre unternimmt Arno allein und mit eigenen Mitteln acht abenteuerliche Reisen in die entlegensten Gegenden der Erde. Er ist auf der Suche nach Völkern, die aufgrund ihrer Abgeschiedenheit (im Urwald, in den Anden, der Wüste ...) von der Verwestlichung und der Verschulung unberührt geblieben sind, um sie zum ersten Mal in ihrem Leben zeichnen und malen zu lassen. Er kehrt mit der spektakulären Bestätigung zurück, dass seine Entdeckung universelle Gültigkeit hat.

Ungefähr zu jener Zeit betritt eine entschlossene junge Frau die *Académie du Jeudi*. Ihr Name ist Michèle.

# Mama

Mama wurde 1939 im algerischen Guelma geboren. Michèle ist das zweite Kind und das erste Mädchen von Simone und François Arella. Ihre Eltern, ein schillerndes Paar von elegantem Auftreten, sind beide in Nordafrika auf die Welt gekommen: François in Guelma, Simone, geborene Girard, in Tunesien.

François' Vater hat seine Heimat Italien verlassen, um in Algerien zu leben und dort Straßen und Brücken zu bauen. Seine zahlreichen Kinder kommen in der großen, im italienischen Stil errichteten Villa zur Welt. Man führt ein arbeitsreiches, aber glanzvolles Leben. Das Geschäft floriert, mutige Innovationen zahlen sich aus, und auch mit den arabischen Algeriern versteht man sich aufs Beste.

François kann so ziemlich alles und arbeitet viel. Als er die wunderbare Simone trifft, ist es für beide Liebe auf den ersten Blick. Sie heiraten.

Simones Eltern gehören zu den ersten französischen Siedlern, die in Nordafrika geboren wurden. Ihrer Berufung gemäß arbeiten sie als Landwirte. Simone ist eine Frau ihrer Zeit – kultiviert, kunstsinnig, elegant und zurückhaltend. Sie führt ihr Haus meisterhaft, mit Umsicht und Großzügigkeit.

Michèle liebt alle Winkel des großen Anwesens, auf dem sie gemeinsam mit dem großen Bruder Pierre und der kleinen Schwester Nicole aufwächst: die Hitze Algeriens und die üppige Natur mit Orangen- und Feigenbäumen, die es umgeben, die Schatten spendenden rosa- und beigefarbenen stillen Hallen mit ihren herrschaftlichen Proportionen und wie das afrikanische Licht dort waagerecht hineinfällt.

Ob in Guelma oder auf dem wundervollen Hof ihrer Großeltern mütterlicherseits in Sedrata – Michèle ist es bereits in sehr jungen Jahren bewusst, im Paradies zu leben, umgeben von Liebe und Heiterkeit.

Die Jahre vergehen. Michèle leidet, als sie für den Besuch des Lycée ihren Garten Eden verlässt. Aber sie ist eine eifrige Schülerin. Und nach den beiden Abiturprüfungen muss sie für ihr Literaturstudium an der Pariser Sorbonne das geliebte Land sogar ganz hinter sich lassen.

Angesichts der beunruhigenden Nachrichten vom Algerienkrieg unterbricht Michèle das Studium, um zu ihrer Familie zurückzukehren. Es herrscht eine große Verunsicherung unter den Menschen, viele verlassen das Land, und es besteht Lehrermangel. So beginnt Michèle zunächst an einer Mittelschule zu unterrichten, bald schon wird sie als Grundschullehrerin verbeamtet. Aber nach der Unabhängigkeitserklärung Algeriens bleibt nur die überstürzte Flucht nach Frankreich. Mit der gesamten Familie verlässt sie für immer ihre Heimat und das Glück ihrer Kindheit.

Die entwurzelte Familie Arella findet zunächst Unterschlupf bei einem Onkel in Vichy. Dann bauen Michèles Eltern gemeinsam mit ihrem Sohn Pierre einen landwirtschaftlichen Betrieb in Camarés auf. Ihren Lebensabend verbringen sie später in einem sonnigen Haus in Lézan in der Provence.

Michèle, die ledige Beamtin, erhält dagegen von der Schulbehörde die Weisung, sich im Großraum Paris niederzulassen und dort eine Anstellung als Lehrerin zu finden. Eigentlich fühlt sie sich für den Lehrberuf nicht recht gemacht, und so empfindet sie es als besonders schmerzhaft, darüber hinaus ohne richtiges Heim und fern der Familie zu sein. Doch zumindest hat sie das Glück, eine Stelle wählen zu können, die ihr zusagt: mit ganz kleinen Kindern in einer Vorschule in Asnières.

Michèle durchlebt eine düstere Zeit; ihr Leben liegt in Trümmern und sie übt einen Beruf aus, für den sie nicht ausgebildet wurde, auch wenn diese Arbeit ihr Freude macht. Sie wird mit gut gemeinten Ratschlägen überhäuft, doch diese haben nichts mit der Wirklichkeit der Kinder zu tun. Vor allem der Zeichenunterricht macht Michèle unglücklich; die grafischen Übungen, welche sie mit den Kleinen durchführen soll, erscheinen ihr vollkommen absurd.

Eines Tages spricht sie mit der zuständigen Schulrätin über ihre Ratlosigkeit und darüber, dass sie gerne wüsste, wie man den Zeichenunterricht besser gestalten könne. Die Rätin schickt sie in eine pädagogische Bibliothek, mit dem Auftrag, sich dort in die Materie zu vertiefen. Die zuständige Bibliothekarin teilt ihr mit Bestimmtheit mit, dass es auf diesem Gebiet nur einen lesenswerten Autor gebe: Arno Stern. Michèle kehrt mit all seinen Büchern nach Hause zurück.

Und die Werke sind für Michèle eine Offenbarung, ein Manna, ein Lebenselixier: Sie findet darin alles, was sie je gesucht hat. Ein Jahr lang liest sie die Bücher wieder und wieder. Ihr Leben und ihre Arbeit verändern sich von Grund auf.

Fast zufällig kommt sie eines Tages an einer Galerie mit Kinderbildern vorbei. Als sie durch die Tür tritt, wird ihr bewusst, dass es sich um die *Académie du Jeudi* handelt und dass der Mann, der vor ihr steht, Arno Stern ist.

# Mama, Papa, Delphine und Eléonore

Arno und Michèle heiraten im Februar 1971. Ich werde im April desselben Jahres geboren. Als ich die Augen öffne, besteht meine Welt aus drei Hauptpersonen: Mama, Papa und meiner damals vierjährigen Cousine Delphine, der Tochter meiner Tante Nicole. Wir werden fast wie Zwillinge Hand in Hand aufwachsen.

Doch erst mit der Geburt meiner Schwester Eléonore im Jahr 1976 wird meine »Sternen«-Konstellation vollkommen. Für mich ist es ein großes Ereignis, Schwangerschaft und Geburt mitzuerleben und mich mit diesen Abläufen zu beschäftigen.

# Während ...

... meiner Kindheit geschah alles wie von selbst und lächelnd. Wenn ich mich an meinen Alltag erinnere, bestehend aus Spielen und Begegnungen, erscheint er mir wie ein breiter, fruchtbringender Strom.

Gewiss liegt hier mein Fundament: Ich war ein glückliches Kind voller Begeisterung. Ich verlor weder Zeit noch Energie mit dem Lösen fremdauferlegter Rätsel – diese täglichen Eindringlinge im Leben der Schüler.

Für mich sind Lernen und Spiel Synonyme.

So verliefen meine Tage friedvoll und harmonisch.

Mein typischer Wochenablauf umfasste neben den improvisierten Stunden viele regelmäßige Tätigkeiten, denen ich mich allwöchentlich oder in einem anderen Turnus widmete. Die Tage waren sehr ausgefüllt, doch frei von Stress und Konkurrenzdenken, ohne Leistungsdruck und den Kampf um gute Noten.

## Typische Wochen

Ich war zwölf oder dreizehn Jahre alt. Der Rhythmus meiner Wochen wurde von meinen regelmäßigen Aktivitäten vorgegeben. Seit ich ein kleines Kind war, malte ich einmal in der Woche, normalerweise mittwochs, bei Papa im Malort.

Den Donnerstagen und Samstagen fieberte ich immer schon besonders entgegen, denn an diesen Tagen beschäftigte ich mich mit der Dinanderie, dem Metalltreiberhandwerk.

## *Dinanderie*

Ich hatte Interesse an der Bearbeitung von Metall gezeigt, und meine Eltern, beide Liebhaber von Keramik und Dinanderie, hatten Kontakt mit Kunsthandwerkern aufgenommen – und Guy getroffen.

Guy war Metalltreiber. Zunächst zögerte er bei dem Gedanken, ein Kind in der Werkstatt aufzunehmen, aber schließlich willigte er ein, mich in sein Handwerk einzuführen.

Dinanderie nennt man die Kunst, Metall zu formen, indem man es mit einem Hammer bearbeitet, statt es zu schmieden. Es ist ein vom Aussterben bedrohtes Handwerk. Die wenigen verbliebenen Meister müssen sich oftmals wie Guy damit begnügen, Kurse für Rentner auf der Suche nach einem Hobby zu geben; diese sind gewiss motiviert, aber sie haben nicht die Ambitionen, mehr Kenntnisse zu erlangen, als zum Fertigen einiger Gegenstände vonnöten sind.

Guy schläferte die Routine der Kurse für den ADAC [1] schier ein. Mit meiner kindlichen Begeisterung und dem Wunsch, sein Metier ernsthaft zu erlernen, sorgte ich für frischen Wind in seiner Werkstatt.

Vom ersten Augenblick an stimmte die Chemie zwischen uns. Guy vergaß seine anfänglichen Bedenken und bat Mama inständig, mich in der nächsten Woche wiederzubringen. Er fühlte sich wie ein Lehrmeister in alter Zeit und empfand innige Freude dabei, mir sämtliche Facetten seines Handwerks näherzubringen. Und ich saugte wissbegierig alles auf wie ein Schwamm. Ich durfte an beiden seiner Kurse teilnehmen, obwohl ich nur für den Donnerstagskurs angemeldet war. In der übrigen Zeit las ich alles, was Guy, meine Eltern und ich selbst zu diesem Thema finden konnten. Es wurde mir zum Anliegen, die Dinanderie von anderen Arten der Metallbearbeitung abzugrenzen, und als wahrer Purist wetterte ich in regelrechten Pamphleten gegen Kunstschmiede, die sich selbst als Metalltreiber bezeichneten.

Damals mündete mein Enthusiasmus für eine Sache stets in ein kleines Buch oder ein anderes Schriftstück. Nun verfasste ich also ein Heft mit meinen Betrachtungen unter dem Titel *Die Dinanderie oder über die Sublimierung von Metall.* Es hatte mich viel Zeit gekostet, die Texte zu verfassen und anschließend ins Reine zu schreiben. Außerdem hatte ich Schwarz-Weiß-Illustrationen angefertigt, die ich nach der Vervielfältigung mit Filzstiften kolorieren wollte. Dann klapperte ich die Läden ab, um herauszufinden, wo ich die günstigsten Kopien bekam, und verbrachte lange Stunden mit dem Binden und Kolorieren meines kleinen Heftes. Meine Eltern nahmen dies ebenso ernst wie ich, und so durfte ich meine Publikation zwischen all den anderen Büchern, die mein Vater zum Verkauf anbot, aufstellen. Einige Hefte verkaufte ich gleich. Um alle Vertriebswege auszuschöpfen, hatte ich aber darüber hinaus einen Bestellcoupon vorbereitet – und die entsprechenden Exemplare versandte ich.

Eine bemerkenswerte Anekdote ist mir in Erinnerung geblieben: Mama wies mich oft darauf hin, dass in meinen Texten Akzente oder Satzzeichen fehlten. Ich war diesem Anliegen gegenüber jedoch offenbar wenig aufgeschlossen, und meine Mutter übte auch keinen Druck aus. Sie vertraute darauf, dass es für mich zur gegebenen Zeit selbstverständlich würde, Akzente und Kommas zu setzen.

Während eines jener langen Sommermonate, die wir bei meinen Großeltern in Lézan verbrachten, trug unser Freund, der Imker (den ich einige Jahre zuvor dabei beobachtet hatte, wie er mit bloßen Händen einen Schwarm von Wildbienen in einen Bienenstock strich), die Texte aus meinem Heft zur Dinanderie laut vor.

Er war ernsthaft an meinen Gedanken interessiert und sagte mir, als er die Lektüre beendet hatte: »Es ist ein sehr gutes, sehr interessantes Buch, es fehlt nur an Akzenten und Kommas ...«

Von jenem Tag an arbeitete ich besonders aufmerksam daran, dass in meinen Schriften nie mehr ein Akzent oder Satzzeichen fehle – der Groschen war gefallen.
Ich sah mich als Dinandier. Wir kauften Werkzeuge – nur Hochwertiges, darauf achtete Guy – und viel Rohmaterial. Das war teuer, aber wir verzichteten dafür auf andere Dinge. Ich erinnere mich an meine Freude (die des Kindes und des Erwachsenen in mir), als Papa und ich meine frisch polierten Hämmer abholten. An der Gewissenhaftigkeit, mit der ich sie begutachtete, erkannte der Verkäufer meinen Sachverstand, und er behandelte mich nicht wie ein Kind.

Bei einem Ausflug aufs Land fand ich einen ausrangierten, speziellen kleinen Amboss. Ich ließ ihn polieren und gegen Rost behandeln. Das dauerte seine Zeit, aber es lohnte sich, denn der Amboss war sehr nützlich.

Guy fand immer größeren Gefallen an der ganzen Sache. Er brachte mir ohne zu zögern bei, einen Schweißbrenner mit einer riesengroßen Flamme zu bedienen (das Kupfer muss zwischen den Hammerzyklen bis zur Weißglut erhitzt werden) und anschließend den Metallgegenstand mit einer simplen Zange ins Wasser zu tauchen. Ich liebte das Geräusch und den Geruch beim Eintauchen des glühenden Kupfers. Er lehrte mich auch, Salzsäure (!) und Wasser zu mischen und den anderen Schweißbrenner mit dem gefährlichen Gemisch zu regulieren.

Ich glaube nicht, dass er sich jemals fragte, ob diese Tätigkeiten meinem Alter entsprachen. Er betrachtete mich stets als das, was ich war: ein leidenschaftlicher Schüler mit wachsender Kraft und Sachkunde.

Eines Tages musste er für einen Moment die Werkstatt verlassen, und ich erinnere mich noch gut daran, dass mein Herz höher schlug, als er von der Treppe aus in den Raum rief: »Ich bin kurz weg. Falls es Fragen gibt, wenden Sie sich an André!«

Die schwierigsten, aber gleichzeitig entscheidenden Schritte beim Metalltreiben bestehen darin, den Durchmesser der unbearbeiteten Kupferplatte – genannt Matrize – so präzise zu berechnen und die Platte dann so exakt mit dem Hammer zu bearbeiten, dass die Metalldicke konstant bleibt. Bei einem komplizierten Gegenstand wie einer eiförmigen Vase zum Beispiel ist im Idealfall nicht nur das Metall vom Fuß bis zum Rand der Vase gleich stark, sondern darüber

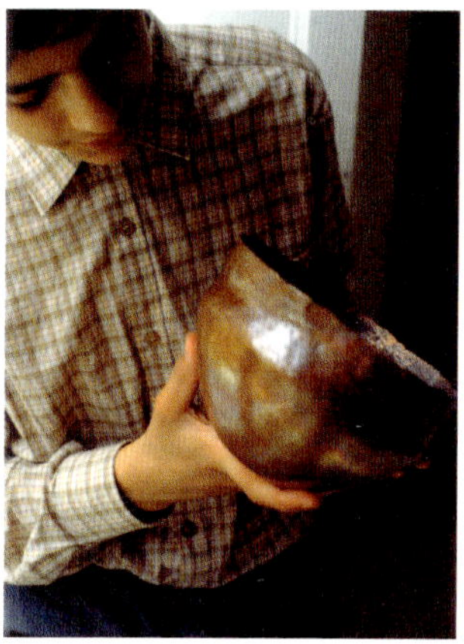

hinaus entspricht die Metalldicke der ursprünglichen Matrize.

Eine Vielzahl von Parametern fließt in die geometrische Berechnung ein, um die Größe der Matrize so genau zu bestimmen, dass es bei der Verarbeitung weder an Material fehlt noch dass zu viel vorhanden ist. So erwarb ich auf ganz natürliche Weise zahlreiche Kenntnisse auf dem Gebiet der Geometrie und ebenso in der angewandten Chemie, um dem Kupfer verschiedene Farben zu geben.

Für einen dreizehnjährigen Jungen brachte ich es zu einiger Kraft, noch heute gebrauche ich einen Hammer mit stolzer Präzision.

Ich lernte auch Metalle zu bearbeiten, die anders als Kupfer behandelt werden mussten, und fertigte Auskleidungen aus lebensmittelbeständigem Zinn für Kupfergefäße an; für Letzteres muss man äußerst genau arbeiten und die unterschiedlichen Reaktionen auf die Hammerschläge kennen, damit die beiden Stücke sich gut ineinanderfügen.

Aufgrund persönlicher Probleme setzte Guy nach drei Jahren zum Schuljahresbeginn im September seine Kurse nicht mehr fort. Für mich war das ein Schock.

Der Mann, der ihn vertrat, hatte seine Werkstatt im hintersten Winkel des 13. Arrondissements, in einem düsteren Unterbau eines der Hochhaustürme in Chinatown. Der Weg dorthin war umständlich, aber meine Begeisterung war ungebrochen.

Ich war 14 Jahre alt und der neue Lehrer hatte seine Zweifel, doch die verflogen rasch. Trotz seines guten Willens habe ich aber bei ihm nicht viel gelernt. Er war ursprünglich Kupferschmied, ein erfahrener Schweißer, und er wandte Techniken an, die im Widerspruch zu meinen Überzeugungen standen.

Ich kam nicht weiter, harrte aber dennoch eine Zeit lang aus. Schließlich, nachdem ich ein besonders schwieriges Stück (eine Vase in Form einer Acht) geschaffen hatte, fasste ich den Entschluss, im folgenden Herbst die Lehre nicht fortzusetzen, sondern stattdessen für mich allein zu arbeiten, sobald sich die Möglichkeit ergeben würde, eine kleine Werkstatt einzurichten. Dieses Vorhaben wurde von anderen abgelöst und nie verwirklicht. Doch ich bin sicher, dass ich das Metalltreiben jederzeit wieder aufnehmen könnte.

## *Zurück zu meiner typischen Woche*

Jeden Dienstag lernte ich bei einem englischen Freund Algebra. Bei meinem Onkel, einem Informatiker, war ich immer mittwochabends, und er führte mich sowohl in die Algebra als auch in die Informatik der damaligen Zeit ein.

Freitags besuchte ich mit Mama und Eléonore in einer anderen Werkstatt des ADAC Kurse in Fingerweben und anderen Knüpftechniken zur Fertigung von Textilien.

Dienstags gab unser Freund Philippe, der Keramiker, Abendkurse, die ich mit meinen beiden Cousinen besuchte. Ich freute mich, dort auf eine vertraute Welt zu stoßen, auch wenn die Materialien Ton und Glasur sich natürlich sehr vom Metall unterschieden.

Mit meiner Cousine Delphine nahm ich zwei Mal die Woche Tanzunterricht. Ebenfalls gemeinsam lernten wir Kalaripayat (eine Kampf- und Heilkunst, die aus Kerala stammt und auf die Beobachtung von Tieren zurückgeht): Unser Lehrer war ein junger Mann aus Kerala, den wir im Kulturzentrum getroffen hatten, wo unsere Schwestern sich zu dieser Zeit täglich mit dem Baratha-Natyam-Tanz beschäftigten.

## *Tanz*

Tanzen gehörte von jeher zu meinem Leben. Papa war eng befreundet mit Jérôme Andrews, dem Vorreiter des *Modern Dance* in Frankreich. Der amerikanische Tänzer war Schüler von Mary Wigman, Martha Graham und Joseph Hubert Pilates gewesen und zählte zu jenen Menschen, deren Anwesenheit mir sehr vertraut war. Er kam oft zu uns nach Hause und ich saß auf seinen Knien und amüsierte mich über seinen Akzent und sein Parfüm. Ich wusste, dass er Tänzer war, und Tanzen kannte ich.

Jérôme unterrichtete allerdings keine Kinder. Meine Tante Nicole nahm Stunden bei ihm und Mama manchmal auch. Ich begleitete sie dann als stiller Zuschauer und saß neben Delphine auf einem Haufen Tücher. Sie war ein regelmäßiger Gast, und Jérôme, der sie sehr gern hatte, bereitete ihr immer einen Platz auf den Tüchern, bevor er um vollständige Ruhe bat.

Allein oder gemeinsam frei zu tanzen gehörte zu unseren häufigen Spielen. Dafür wurde extra im größten Zimmer unserer Wohnung Platz geschaffen. Und manchmal besuchten wir mit Papa und Mama eine Tanzvorführung.

Eines Tages rief Jérôme an, um Papa mitzuteilen, dass Carole, eine seiner Schülerinnen, in Paris einen Tanzkurs für Kinder anbiete. Und so kamen Delphine und ich zum Tanz und kurze Zeit später auch unsere beiden kleinen Schwestern. Von da an – ich erinnere mich noch gut an das erste Mal – hatte ich mindestens eine Tanzstunde pro Woche; als Kind bei Carole, später bei Jocelyne, schließlich lange Jahre bei Delphine und derzeit bei Eléonore. Und ab und zu nahm ich an Workshops mit anderen Tänzern teil, die mir weitere Horizonte eröffneten.

Mama und ich besuchten drei wöchentliche Vorlesungen am *Collège de France*: Ägyptologie bei Professor Jean Leclant (darauf komme ich später zurück), Mittelalterliche Geschichte bei Georges Duby und Soziologie bei Pierre Bourdieu. Nach einer Weile wunderte sich dort niemand mehr über meine Anwesenheit.

Den Montag liebte ich, denn er gehörte der Fotografie.

## *Fotografie*

Die Fotografie und ich, das ist eine lange Geschichte und ein Ende ist nicht abzusehen.

Von klein auf wurden wir von Papa fotografiert; er hat Tausende von Fotos gemacht.

Das Fotografieren war ein selbstverständlicher Teil meines Lebens, ohne dass ich ihm besondere Aufmerksamkeit gewidmet hätte. Manchmal hielt ich Papas Apparat und drückte auf den Auslöser, aber mehr nicht.

Eines Tages – ich muss ungefähr zehn Jahre alt gewesen sein – kamen bei uns große, schöne Bücher an, rund 15 Bände von *Prestige de la Photographie.*

Bei uns zu Hause trafen oft Buchlieferungen ein. Da Papa einen Gewerbeschein als Buchhändler hatte, konnten meine Eltern im Großhandel einkaufen und dort auch bereits im Preis herabgesetzte Werke zu sehr günstigen Konditionen erwerben. Das taten sie mehrmals in der Woche.

Sie suchten nicht nach bestimmten Büchern. Sie machten Entdeckungen und kauften, was sie verführte: schön gedruckte und eingebundene Bücher, vollständige Werkausgaben, Werke, die den Dingen auf den Grund gehen, uns eigentlich unverständliche, aber unwiderstehliche Fachbücher, keine Schulbücher.

Bis heute finden diese Beutezüge statt, selbst in den häufigen Zeiten akuter Geldnot.

Wenn die Buchlieferungen eintrafen, sah ich die Bände immer gleich durch; manche weckten sofort mein Interesse, andere gar nicht oder erst zu einem späteren Zeitpunkt. Ich fand in den Büchern Antworten auf die meisten Fragen, die mich beschäftigten. Meine Schwester Eléonore fischte nach ihrem eigenen Gutdünken in diesen Schätzen – nach anderen Kriterien als ich, denn sie hatte eigene Vorlieben. Ab und an deckten sich unsere Interessengebiete aber auch, und manchmal beschäftigten wir uns zeitlich versetzt mit denselben Themen.

Die Reihen *Prestige de la Photographie* und *Time Life Photography* zählten zu den Büchern, die mich sofort in ihren Bann zogen. Ich schlug die erste Seite des ersten Bands auf und ich hatte das Gefühl, erst am Ende der letzten Seite des letzten Bandes wieder zu Atem zu kommen.

Man fand in diesen wunderbaren Werken das gesammelte Wissen der Fotografie. Die Geschichte der Fotografie, von Niepces ersten wackeligen Versuchen bis zu den neuesten technischen Fortschritten; Biografien sämtlicher großer Fotografen; die Geschichte aller Marken, aller Kameras und Verfahren. Es gab umfangreiche Erläuterungen zu allen Phänomenen und Prozessen, allen Vorgängen und Reaktionen, von der Vorbereitung des Filmes bis zum Trocknen der Abzüge; alle Aufnahme- und Labortechniken, sämtliche Möglichkeiten der Bearbeitung sowie der Korrektur und selbst der Restaurierung, von Daguerreotypien bis zum Mikrofilm; die Belichtungstechniken, die Wahl des Hintergrunds, der Umgang mit dem Blitzlicht, die optischen Gesetzmäßigkeiten und die entsprechenden Berechnungen; ausführliche Hintergrundberichte zur Entwicklung, Herstellung und Eichung der Objektive sowie Interviews mit berühmten Fotografen und Reportagen über ihre Arbeit.

Diese Fülle nahm mich völlig ein.

Manche komplizierten technischen Ausführungen musste ich mehrmals lesen, aber irgendwann erkannte ich ihre schlichte Logik.

Nebenher schmiedete ich mir eine Strategie, um die Rohstoffe, die ich im Büchertagebau abbaute, aufzubereiten. Ich lernte zu *lernen* anhand von Material, das ganz und gar nicht für didaktische Zwecke gedacht war. Aus einem guten Buch kann man alles verwerten, wenn man weiß, wie die einzelnen Rohmaterialen verarbeitet werden. So ist es möglich, aus nahezu jeder seriösen Quelle die Informationen herauszupicken, die man gerade benötigt. Diese Methode kann nicht verallgemeinert werden, aber mir nützt sie tagtäglich.

Ich konnte bald auf den ersten Blick jeden Fotoapparat erkennen.

Insbesondere die Leica faszinierte mich. Ich hatte das Kapitel zu ihrer Geschichte mehrmals gelesen und jede Zeile, jedes Datum, jedes Bild verinnerlicht. Ich konnte mit geschlossenen Augen mein Lieblingsmodell, die Leica IIIc, auf die Schraube genau zeichnen – denn anhand der Schrauben kann man das Original von einer Nachahmung unterscheiden!

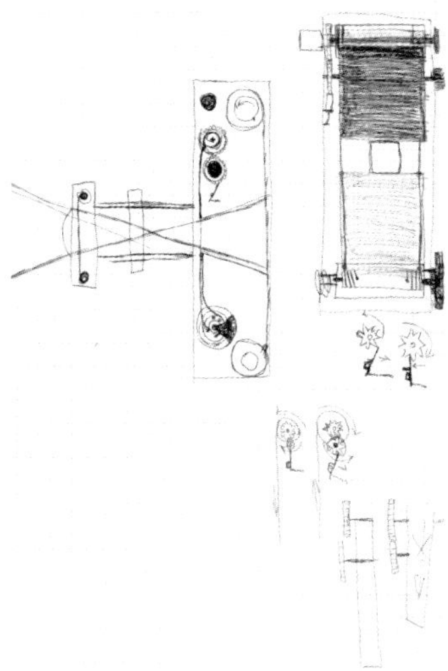

Papa und Mama besuchten mit mir das *Musée de la Photographie* in Bièvres. Ich entdeckte dort zwar so gut wie nichts Neues, aber ich konnte all die Kameras, die ich in- und auswendig kannte, *in natura* sehen; das war ein erhebendes Gefühl. Ich ging von Vitrine zu Vitrine und vertiefte mich schweigend in die Betrachtungen. Papa, Mama und Eléonore begleiteten mich ohne Ungeduld, auch wenn

sie selbst nur begrenztes Interesse an diesem seltsamen Sammelsurium hatten (das Museum in Bièvres bestand hauptsächlich aus einem unglaublichen Durcheinander an Kameras, die sich unkommentiert in überladenen, verstaubten Vitrinen stapelten – genau, was ich brauchte!).

Ich begann Skizzen anzufertigen, Pläne und Projekte auszuarbeiten.

Ich versah Streichholzschachteln mit winzigen Löchern und verwendete durchsichtiges, mattes Klebeband als Mattscheibe.

Dann verfeinerte ich meine Konstruktion noch weiter und setzte eine Linse vor das Loch.

Zwei Teleskopröhren aus Karton wurden mein erstes Objektiv und ich experimentierte mit Fokussierung und Einstellungen. Schritt für Schritt setzte ich all die Theorien, über die ich gelesen hatte, in die Praxis um.

Ich konstruierte meinen ersten Guillotine-Verschluss mit einem Pappband, in das ein Loch gebohrt war und das sich in einem perforierten Gehäuse bewegte.

Dann fügte ich all diese etwas ungleichen Einzelteile zu meinem ersten Fotoapparat aus Karton, Lego und Holz zusammen.

Ich hatte etwas Mühe, diesen Apparat vollständig abzudichten, und mit jeder Schicht wurde er voluminöser. Das Einlegen eines Films wurde zu einer komplizierten Angelegenheit, denn dafür musste man alles auseinandernehmen. Außerdem wurde der Film schlecht transportiert, weil die Abdichtung den Apparat zu sehr zusammenpresste.

Ich legte einen Film ein und machte so gut es ging 36 Aufnahmen. Dann gab ich den Film dem Fotografen hinter der Kirche St. Sulpice zum Entwickeln. Beim Abholen erschien mir der Weg dorthin endlos, weil ich es kaum erwarten konnte, die Bilder zu sehen. Leider stellte sich heraus, dass außer einer grauen, verschwommenen Suppe nichts darauf zu erkennen war.

Entschlossen versuchte ich, das Problem und die möglichen Gründe für den Fehlschlag zu analysieren. Ich war dabei auf mich gestellt, denn niemand in meiner Umgebung hätte mir helfen können; aber ich fand es ohnehin interessanter, den Ursachen selbst auf den Grund zu gehen, als der Meinung eines Fachmannes zu folgen.

Nach einer Weile begriff ich, dass meine Berechnungen fehlerhaft gewesen waren und dass sich vor allem die verwendeten Materialien nicht präzise genug zusammenfügten.

Also begann ich wieder bei null und zeichnete Skizzen aller Einzelteile für einen neuen Apparat, den ich diesmal aus Holz konstruieren wollte.

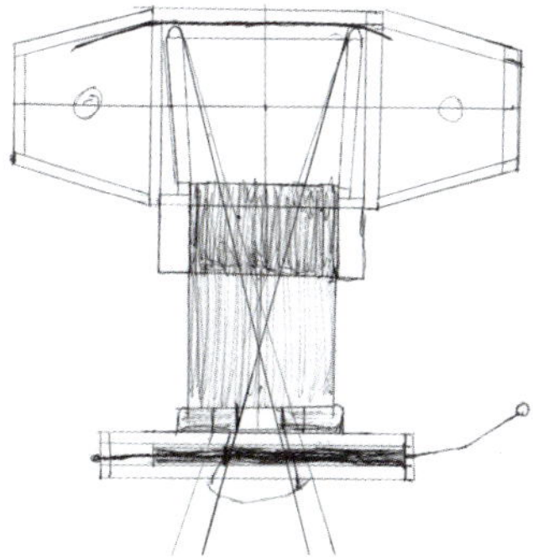

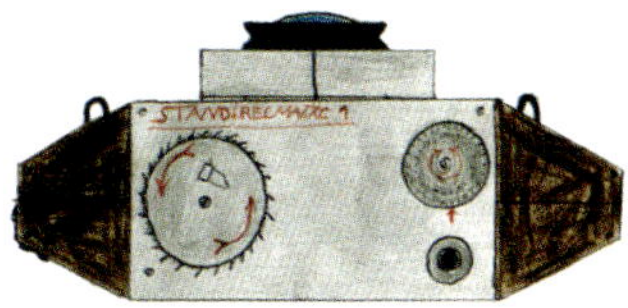

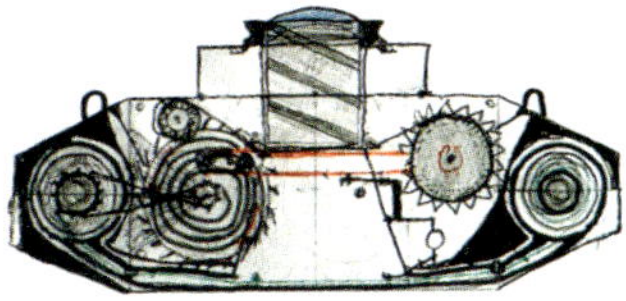

Nebenher zeichnete ich auch Pläne für eine Erfindung, die ich noch heute einigermaßen schlüssig finde: Um den komplexen Bewegungsablauf von Spiegel und Verschluss bei einer Spiegelreflexkamera zu vereinfachen, ersann ich einen Spezialfilm, bei dem sich eine lichtempfindliche Fläche mit einem transparenten Filmstreifen abwechselte. Bei meiner *Stand directmatic* sah man beim Blick durch den Sucher durch den transparenten

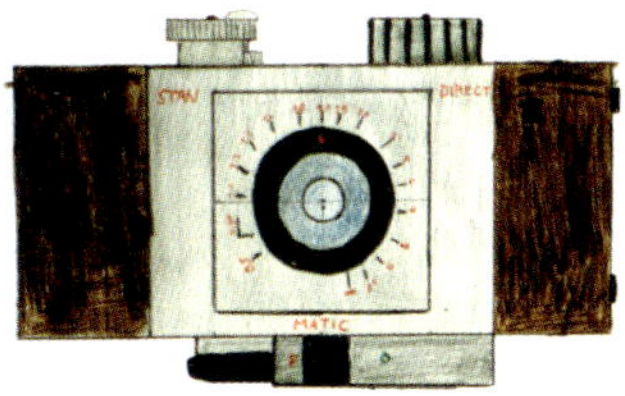

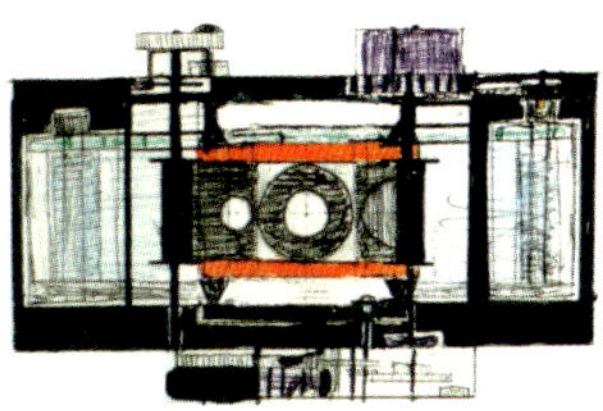

Film, schloss den Verschluss, verschob den Film, sodass sich nun die lichtempfindliche Fläche an der entsprechenden Position befand, dann öffnete man den Verschluss, schloss ihn wieder und verschob den Film erneut ... Das Prinzip war ziemlich überzeugend, aber ich musste schließlich einsehen, dass manche vereinfachten Geräte weniger gut funktionieren als ihre Ausgangsmodelle – ähnlich wie der Wankelmotor im Verhältnis zum Hubkolbenmotor.

Mein Fotoapparat aus Holz verfügte über ein Objektiv, das ich aus dem schwarzen Röhrchen einer Filmdose gefertigt hatte, und zum Aufrollen des Films baute ich die Spule einer zerlegten Filmrolle ein. Dieser Apparat funktionierte schließlich insoweit, dass einige erkennbare Aufnahmen möglich waren.

Damit war ich zufrieden und beendete meine Konstruktionsversuche. Denn zum Fotografieren durfte ich Papas Kamera verwenden. Als er meine Expertise bemerkte, lieh er mir sogar seine kostbare Pentax, die mit ihm um die Welt gereist war.

Während ich gerade an der Konstruktion meines zweiten Apparates arbeitete, studierte Mama ohne mein Wissen das Kursangebot des ADAC und suchte einige Ateliers auf, um die Lehrer für Fotografie kennenzulernen: Darunter war auch Guilaine, und Mama und sie verstanden sich auf Anhieb gut.

An einem Montag, bei der Rückkehr von unserem wöchentlichen Landausflug – ich erinnere mich gut, dass ich an diesem Tag bei einer

Fotosession vor unserem alten Simca zum ersten Mal einen ganzen Schwarzweißfilm verknipst hatte –, setze man mich bei Guilaine ab, die in den Kellerräumen des *Centre André Malraux* ihre Fotokurse gab. Guilaine war eine sehr moderne und dynamische junge Frau. Jede Woche hatte sie eine neue Frisur, und die eigenwilligsten Farbkombinationen sahen an ihr zauberhaft aus. Sie war eine aufrechte Künstlerin und hatte auch außerhalb ihrer Kunst einen ganz persönlichen, fröhlichen und offenen Stil entwickelt, eine sehr individuelle Erscheinung, eine besondere Handschrift, eine spezielle Schreibweise ihres Namens – ihre eigene Lebenskunst.

Sie machte großen Eindruck auf mich und nahm den lernfreudigen, passionierten Jungen, den sie in mir sah, unter ihre Fittiche. Unsere Freundschaft bereichert mich bis heute. Ebenso wie Guy versuchte Guilaine nie, mir etwas auf schulische Weise beizubringen (das hätte auch ihrer Ethik widersprochen), und wie er betrachtete und behandelte sie mich nie wie ein Kind. Sie gehört zu den drei großen Meistern in meinem Leben.

Im Mittelpunkt meiner Ausbildung stand die Arbeit im Fotolabor. Denn was die Aufnahmetechniken anging, so hatte ich wirklich alles aus der *Encyclopédie Time Life de la Photographie* erfahren, in der sie mit einigen anschaulichen Metaphern klar erklärt werden.

Drei Jahre lang lernte ich bei Guilaine, ohne dass sie mir ihr Wissen jemals aufdrängte. Oft beschränkte sie sich darauf, mir die nötige Infrastruktur für meine Arbeit zur Verfügung zu stellen. Ab und an, wenn ich allzu lange von der Bildfläche verschwunden war, kam sie vom Nebenraum, wo ihre anderen Schüler sie in Beschlag nahmen, durch den Schleusenraum ins Labor, um einen Blick auf meine Arbeit zu werfen – das war immer ein besonderer Moment für mich.

»Ich wollte nur einmal sehen, wie es dir geht«, sagte sie dann mit ihrer lebhaften Stimme, während sie, nach dem obligatorischen dreimaligen Anklopfen, durch die Tür trat.

Sie betrachtete meine Einstellungen, begutachtete die Abzüge, die im Entwickler- oder Fixierbad lagen oder in dem Becken zum Wässern, und nach einem kurzen »Sehr gut« machte sie noch eine Runde bei den anderen Schülern, bevor sie den Raum wieder verließ.

Nach drei Jahren unterstützte sie mich in meinem Vorhaben, ein eigenes Labor einzurichten, da sie es für unsinnig hielt, dass ich weiterhin Kursgebühren zahlte, obwohl ich lediglich das Labor nutzte.

In meinem Leben setzt sich stets ein eigenartiger Prozess in Gang, wenn ich im Begriff bin, eine wichtige Entscheidung zu treffen. So erreiche ich meine Ziele langsam, aber unaufhaltsam – und manchmal, ohne dass es mir bewusst ist: Es ist so, als ob plötzlich das gesamte Universum konspiriert und mich schließlich vor vollendete Tatsachen stellt.

Dieses Mal brachte der philanthropische Bruder eines Freundes den Stein ins Rollen: Er schenkte mir unerwartet seinen alten Projektor, ein wunderbares Gerät der Firma Rohen. Nach einigen Nachforschungen fuhr Papa mit mir zum Stammhaus des Unternehmens in einem Pariser Vorort, um ein Ersatzteil abzuholen.

Und der Prozess nahm seinen Lauf ...

Ich dachte darüber nach, unser Garderobenzimmer zu meinem Labor zu machen, und fand eine Lösung, die meine Familie überzeugte. Ich ließ ein Brett als passende Arbeitsplatte zuschneiden, und mehrere Stunden verbrachte ich mit dem Streichen und Abdichten des kleinen Raumes.

Ich suchte die Läden am Boulevard Beaumarchais ab und stellte Stück für Stück die nötige Ausstattung zusammen. Bezüglich Qualität und Preis hatte ich hohe Ansprüche und als die Verkäufer merkten, dass ich genau wusste, was ich wollte, nahmen sie mich ernst. Nicht selten verließ ich einen Laden mit einem besonders exquisiten, etwas ausgefallenen Gegenstand, den sie für Kenner im Hinterzimmer aufbewahrten.

Bald hatte ich alles beisammen und mein Labor war einsatzbereit.

Obwohl ich in keinem Kurs mehr eingeschrieben war, schaute ich oft bei Guilaine vorbei und zeigte ihr die Ergebnisse meiner Arbeit. Sie ließ sich freundlicherweise jedes Mal darauf ein und gab mir noch viele wertvolle Ratschläge.

Viele Stunden verbrachte ich in der Folge in meinem Labor, umgeben von den typischen Gerüchen und Geräuschen der verschiedenen Flüssigkeiten, einsamen Stunden des gespannten Wartens, die für diese Tätigkeit charakteristisch sind. Und auch einige befreundete Fotografen haben seitdem von meiner Ausstattung Gebrauch gemacht.

Was mich betrifft, so muss ich zugeben, dass mir die Laborarbeit letztendlich ein wenig öde wurde – trotz der vielen magischen Stunden im Dämmerlicht des Labors und bei aller Freude darüber, ein Foto aus dem Nichts entstehen zu sehen, und obwohl ich mittlerweile einen Blick für die richtigen Feineinstellungen entwickelt hatte. Erst mit dem Aufkommen der digitalen Fotografie habe ich meine Begeisterung wiedergefunden.

An die Stelle der Labortätigkeit tritt bei der Digitalfotografie die Bearbeitung am Computer. Dabei fühle ich mich wieder auf liebem, vertrautem Terrain, und die bei Guilaine erworbenen Kenntnisse erweisen sich als ungemein wertvoll.

Ich kann das Kapitel der Fotografie nicht abschließen, ohne auf Delphine zu sprechen zu kommen. Meine Tante Nicole beschloss, meiner Cousine zu ihrem 20. Geburtstag einen Fotoapparat zu schenken. Sie fragte mich um Rat, und gemeinsam durchforsteten wir die Regale mit den Sonderangeboten im Pariser FNAC, einem großen Fachhandel. Ich entdeckte ein echtes Schnäppchen: eine ganz einfache Olympus, einen Klassiker, den Delphine neben ihrer Leica später weiterhin verwendete.

Einige Tage nach ihrem Geburtstag waren sie und ich im Bus unterwegs. Sie hatte gerade ihre Kamera erhalten und wir beide waren sehr stolz darauf. Delphine war ganz versessen auf die Fotografie (die Bücher, die zu diesem Thema geliefert wurden, gehörten zu unseren gemeinsamen Favoriten), aber sie wusste noch nicht viel über die technischen Abläufe. Während dieser halbstündigen Busfahrt erklärte ich ihr in einem Atemzug alle Vorgänge, sämtliche Einstellungen und ihre Auswirkungen. Ich dachte eigentlich, dass ich ihr auf diese Weise erst einmal einen Überblick über das umfangreiche Themengebiet vermitteln würde, um später die Einzelheiten zu erläutern. Aber hier zeigte sich wieder einmal, dass ein Mensch, der sich frei entfalten darf, ganz selbstverständlich wie ein Schwamm alle Informationen aufsaugt, wenn sie mit einem Thema zu tun haben, das ihn fasziniert.

Noch heute verblüfft es mich, dass ich Delphine kein einziges jener technischen Details ein zweites Mal erklären musste; sie hatte alles beim ersten Hören verinnerlicht.

Delphine wurde eine sanfte und furchtlose Fotografin, die ihre Bilder in Ausstellungen zeigt und verkauft.

Neben meinen regelmäßigen wöchentlichen Aktivitäten standen mir all die übrigen Stunden zur »Improvisation« zur Verfügung.

## Improvisierte Zeiten

Diese Stunden waren mit ebenso zahlreichen wie vielfältigen Beschäftigungen gefüllt, sodass es völlig unmöglich ist, eine vollständige Auflistung davon zu erstellen. Zumal manche Lernprozesse innerlich stattfinden und für den Lernenden ebenso wie für sein Umfeld verborgen bleiben. Deshalb möchte ich an dieser Stelle vor allem einen Eindruck von der Intensität und Vielfalt dieser Prozesse vermitteln.

Viele dieser Aktivitäten und Gedankenspiele liefen simultan und symbiotisch ab, sie befruchteten, nährten und bereicherten sich gegen-

seitig und oftmals brachten sie sich überhaupt erst gegenseitig hervor. Andere standen wiederum in Verbindung mit meinen regelmäßigen Aktivitäten oder leiteten sich von ihnen ab.

Es kam vor, dass bestimmte Beschäftigungen so in den Vordergrund traten, dass sie für eine Weile nahezu ausschließlich mein Leben bestimmten; das konnte einige Tage oder auch mehrere Monate, ja sogar Jahre andauern.

So blieb mir in den Monaten, in denen ich mich der Literatur widmete und ein Buch nach dem anderen verschlang, natürlich nur wenig Zeit für andere Dinge.

## *Literatur*

Begonnen hat alles mit der Comtesse de Ségur. Mama hatte mir *Aus den Erinnerungen eines Esels* vorgelesen (bei uns wird ziemlich oft laut vorgelesen).

Daraufhin las ich all ihre Werke in der Reihenfolge, wie sie bei uns eintrafen; mit Ungeduld wartete ich immer auf den nächsten magentaroten Band. Als diese erste Lektüre beendet war (ich las damals noch sehr langsam), nahm ich mir das Werk ein zweites Mal in chronologischer Reihenfolge vor, und bei einem dritten Durchgang schließlich las ich die Bände geordnet nach ihrem inhaltlichen Zusammenhang. Im Anschluss daran beschäftigte ich mich mit zwei Biografien der Comtesse de Ségur und gelangte über die Vertiefung in ihr Leben zu den hervorragenden Büchern ihres Sohnes.

In diesem Stadium ließ mir das Lesen noch viel Raum für andere Beschäftigungen; das änderte sich erst, als ich Bekanntschaft mit Balzac machte. Jetzt ging ich nach einer ähnlichen »Methode« vor – nur, dass ich jetzt sechs Stunden am Tag las.

Eines Morgens dann – ich muss ungefähr 15 Jahre alt gewesen sein – war Papa dabei, Bücher zu sortieren. Er öffnete einen schmalen alten beigefarbenen Band, der diesen typischen Geruch verströmte. Papa war berührt; er traf auf einen alten Freund.

Und er las mir die ersten Zeilen vor: »Lange Zeit bin ich früh schlafen gegangen ...«

Proust trat in mein Leben, um zu bleiben.

Ich fand bei ihm in geordneter Form, was in mir in Unordnung gärte. Die Welt, die sich mir erschloss, und vor allem sein Blick entsprachen in vielerlei Hinsicht meiner eigenen Welt und meiner Sicht der Dinge – die ich dabei entdeckte. Proust ergründete Gefühle und Situationen und machte mir damit begreiflich, was ich selbst seit einiger Zeit tat. Er zeigte mir nicht, wie ich zu leben hatte, er half mir, meine eigene Welt zu entdecken. Er lehrte mich nicht die Geografie des Landes, das er sich erobert hatte, er regte mich an, meine eigenen Kontinente zu finden und zu erkunden, zu respektieren und wertzuschätzen.

Vieles von dem, was mich heute charakterisiert, hat mir erst die Erlaubnis, die Proust mir damals gab, zugestanden.

Wie alle meine Leidenschaften nahm mich auch die Passion für Proust nahezu vollständig ein und prägte alle Bereiche meines Lebens.

Ich passte meinen Haarschnitt dem seinen an und ließ mir einen jugendlichen Schnurrbart stehen, um ihm ähnlicher zu werden. Ich hatte eine große Anzahl an Biografien über ihn sowie seine Briefe gelesen und mir jedes Bild von ihm eingeprägt; ich hatte seine Posen, seinen Kleidungsstil und seine Unterschrift so genau studiert, dass ich sie getreu imitieren konnte.

Nicht nur, dass ich für Fotos seine berühmte Pose einnahm, ich trug auch im modernen Pariser Großstadtleben schwarzen Anzug, weißes Hemd und Künstlerschleife. Und ich verließ das Haus nie ohne einen der altmodischen Spazierstöcke, die ich gesammelt hatte. Ich lebte diese Leidenschaft mit Leib und Seele, und niemand nahm Anstoß daran.

In meinen eigenen Schriften übte ich mich im »Proust'schen Stil«. Ich bildete lange Sätze mit unüblichen Worten, die niemand versteht, aber die tatsächlich existieren – ich suchte sogar nach ihnen im Wörterbuch. Das Ganze mündete schließlich in ein so grauenhaftes Kauderwelsch, dass ich von selbst irgendwann wieder davon abkam.

Der nächste Schriftsteller, der mich vereinnahmte, wenn auch weniger ausschließlich, war Albert Camus – kaum jemandes Stil ist unterschiedlicher zu Proust als seiner. Später folgten noch Hugo Hartung und Richard Bach.

Und eine Weile gab ich mich meiner Begeisterung für Märchen aller Epochen und Ursprünge hin.

Ich verzichte darauf, hier eine vollständige Liste aller Autoren aufzuführen, für die ich mich interessierte, ohne aber deshalb sämtliche Werke oder Biografien zu lesen.

Worauf es mir ankommt, ist zu zeigen, mit welcher Ruhe und Hingabe ich mich der Literatur widmete. Im Gegensatz zu dem, was in den Schulen passiert, habe ich nicht einige Auszüge aus dem Werk eines Autors überflogen und bin dann jäh zum nächsten übergegangen, musste nicht einige Pflichtlektüren absolvieren und eine Handvoll vermeintlich wichtiger Fakten und Daten auswendig lernen.

Ein Schriftsteller, ein Thema durchdrang zum jeweiligen Zeitpunkt stets mein ganzes Leben und streifte es nicht bloß oberflächlich.

Ich las. Manchmal vertiefte ich mich in die Bücher gleich nach dem Aufwachen, unterbrach die Lektüre lediglich für die Mahlzeiten und setzte sie nachts im Bett mit der Taschenlampe fort.

Keine Planung, kein Programm, keine Meinung, kein Eingreifen unterbrach mein Lesen, störte meine Konzentration, dämpfte meinen Überschwang oder brachte mich von meinem Weg ab.

## *Zurück zu den improvisierten Zeiten*

Nicht selten steckte ich unerwartet mitten in der Erforschung eines neuen Gebietes, dem ich innerhalb eines Themas begegnet war, mit dem ich mich gerade befasste. So verhielt es sich beispielsweise mit der Algebra, als ich eigentlich nur die nötige Anzahl von Verzahnungen für eine Konstruktion berechnen wollte.

In meinem so frei gestalteten Alltag geschah es oft, dass sich unverhoffte Möglichkeiten ergaben: Ein Freund oder Verwandter wollte eine Ausstellung sehen und bot an, uns mitzunehmen; mein Onkel plante seinen Besuch der Modellbaumesse so, dass er mit mir gemeinsam hingehen konnte; Delphine hatte zwei Karten für eine Tanz- oder Theatervorstellung erhalten, kam mich abholen und ich entdeckte etwas mir vollkommen Neues ...

Unsere Zeitplanung war so flexibel und offen, dass es in der Mehrzahl der Fälle möglich war, ein solches Angebot spontan wahrzunehmen. Wie viele Begegnungen und großartige Momente wurden mir auf diese Weise geschenkt!

Sehr häufig passierte es auch, dass ich beim Durchstöbern der Buchlieferungen eine ungeahnte Entdeckung machte und für eine Weile meine derzeitigen Beschäftigungen auf Eis legte, um mich in dieses neue Thema zu vertiefen.

Ich erinnere mich insbesondere an ein Buch über die amerikanische Raumfähre und ein anderes über die Bezwingung des Mount Everest.

Die Raumfähre stand noch in direktem Zusammenhang mit meinem generellen Interesse an Spitzentechnologien und Astronomie (darauf komme ich später zurück), und somit war es wenig überraschend, dass ich das Buch herausgriff. Aber die Faszination für den Mount Everest kam aus dem Nichts und führte zu nichts Weiterem. Ich las mehrere Werke und spezialisierte mich vorübergehend auf dieses Thema. Die Begeisterung ist geblieben, aber wie so viele andere Interessen blieb es eine unabhängige Insel, zu der ich auf meinem Weg lediglich einen Abstecher machte.

Ein weiteres Beispiel für die Improvisationen: Als ich wohl ungefähr sechs Jahre alt war, sagte mir Papa eines Tages, dass er mich ins Planetarium mitnehmen werde. Ich hatte keine Ahnung, was mich dort erwartete, und Papa klärte mich bewusst nicht auf, um die Überraschung nicht zu verderben. Aber wie immer war ich voller Zuversicht und Begeisterung.

Ich weiß noch, wie wir im *Palais de la Découverte* eintrafen und wie mich das, was ich dort sah, beeindruckte. Doch wir trödelten nicht, meine Aufmerksamkeit war auf das Unbekannte gerichtet, das mich erwartete. Ich erinnere mich an das Warten vor dem großen Eingangstor, daran, wie wir unter die Kuppel traten, die mir riesig erschien. Ich war mit Abstand der Jüngste im Saal.

Während der Vorführung folgte ich den Erläuterungen kaum, denn ich war von zwei Dingen fasziniert: Zum einen von der Entdeckung der Gesetzmäßigkeiten und Verhältnisgrößen des Himmels, seiner unermesslichen Weite, seiner extremen Schlichtheit und übermenschlichen Komplexität. Ich betrachtete das Ganze auf meine eigene Art, wie ein Schauspiel, ohne mich auf den Sprecher zu konzentrieren. Zum anderen war ich gefesselt von dem seltsamen Apparat, der sich im Zentrum des Planetariums bewegte. Ich ließ ihn nicht aus den Augen und beobachtete seine Funktionen.

Im Gegensatz zu all den übereifrigen Eltern, die ich später erlebte, wenn sie mit ihren Kindern einen solchen Ort besuchten, versuchte mein Vater in keiner Weise mir etwas vorzumachen, mir zum Beispiel weiszumachen, es stecke irgendeine Magie dahinter, oder mir irgendeinen Nonsens zu erzählen wie »Sieh doch! Ein Stück vom echten Himmel, den sie in eine Dose gepackt haben, damit du alles verstehen kannst!«.

Er fand es auch nicht schlimm, dass ich der Technik eine so große Aufmerksamkeit widmete, die doch eigentlich vollkommen in den Hintergrund treten und mich »zu den Sternen entführen« sollte.

Als wir gingen, hatte ich mit der Astronomie ein neues Interessengebiet gewonnen und eingehend studiert, wie ein Planetarium funktionierte.

Einmal besuchten wir zu viert eine Abendveranstaltung mit Musik und Tänzen aus der Mongolei im *Maison des cultures du monde* (Haus der Kulturen der Welt), das wir regelmäßig aufsuchten. Zum Schluss wurde angekündigt, dass die Sänger am folgenden Tag einen Workshop für Obertongesang abhielten. Spontan beschlossen Eléonore und ich, uns einzuschreiben. Weder vor noch nach diesem Tag haben wir uns mit dem Obertongesang beschäftigt, aber wir können uns noch gut erinnern, was wir in diesem Kurs darüber erfahren haben.

Mein Onkel Pierre nahm mich einmal mit zu einer Landwirtschaftsausstellung. Ich vermag gar nicht zu sagen, was mir dort am besten gefallen hat: die Tiere, die riesigen Maschinen oder das Mittagessen im Restaurant? Wenig später lud mich Pierre – der damals Bauer war – dann zur Erntezeit auf seinen Hof ein. Am ersten Tag sah ich nur zu. Ich beobachtete ihn, wie er sich frühmorgens mit einer großen Spritze bewaffnet unter den riesigen Mähdrescher legte, um vor dem Arbeitstag auf dem Feld die Mechanik zu ölen, wie er die Traktoren manövrierte, die Pflüge vorbereitete und die Anhänger reinigte. Dann kletterte ich mit ihm ins Führerhaus, und er erklärte mir alle Handgriffe und Funktionen, alle Schalter, Knöpfe und Hebel. Gebannt sah ich zu, wie die Maschine Reihe für Reihe der Maispflanzen verschlang und die gelben Körner in hohem Bogen auf einen Traktoranhänger spuckte, der mit derselben Geschwindigkeit wie der Mähdrescher fuhr.

Ab dem zweiten Tag ließ mich Pierre ans Steuer, an ein riesiges, sehr schmales, sehr hartes Lenkrad. Er blieb an meiner Seite, um jederzeit eingreifen zu können, so wie er es bereits mit seinen eigenen Kindern gehandhabt hatte. Er brachte mir bei, die Höhe des Mähbalkens entsprechend den Unebenheiten des Terrains zu regulieren, beim Wenden am Ende des Feldes alles hochzuklappen und die Geschwindigkeit mithilfe eines Hebels der Dichte der Pflanzenreihen anzupassen. Ich war fasziniert von dem Gewicht und der Kraft dieser gelben Maschine, die sich auf meine Kinderhandgriffe hin bewegte.

Das Wenden am Ende des Feldes war ein kompliziertes Manöver für mich, denn man musste auskuppeln, den Rückwärtsgang einlegen, das Lenkrad drehen und das hochgeklappte Schneidwerk im Auge behalten. Vor allem das Treten der Kupplung bereitete mir Schwierigkeiten, denn ich war so klein, dass ich aufstehen und mein ganzes Gewicht einsetzen musste, um das Pedal hinunterzudrücken.

Am dritten Tag hatte sich Pierre von meiner Konzentration und meinem Geschick überzeugt und vertraute mir den Mähdrescher allein an, während er Traktor und Anhänger holte und dann neben mir herfuhr, damit ich meine »selbst geernteten« Körner darauf abladen konnte.

## *Lokomotiven*

Mein älterer Halbbruder Bertrand nahm mich mit in eine Ausstellung über Eisenbahnen im *Centre Pompidou*. Es war schon allein aufregend, dieses Gebäude zu betreten, das ich bislang nur von außen kannte, um dann festzustellen, dass man sich in schlichten Ausstellungsräumen befand, wenn man erst einmal die Fassade und das Gewirr an Röhren hinter sich gelassen hatte. Die Ausstellung war riesig: Es gab große Modellbahnanlagen, bei denen die elektrischen Züge durch beeindruckende Landschaften fuhren (ich weiß noch, dass eine aus gefärbtem Zucker bestand und ich schockiert war, als ein Junge seine Hand unter die Glasvitrine streckte und ein Stückchen Zucker abbrach und aß), Teile von Lokomotiven, Illustrationen, Nachbildungen und Filme.

Wir verbrachten den ganzen Tag dort und eine der großen Leidenschaften meiner Kindheit entstand: die für Dampflokomotiven.

Kurz nach diesem Ausflug schenkten mir Bertrand und Papa einen Satz mit erstklassigen Bauteilen für eine elektrische Eisenbahn, den Bertrand aus Deutschland mitgebracht hatte.

Es gab nur eine begrenzte Zahl von Gleisen und lediglich drei Waggons, aber das machte nichts. Ich war mit meiner Tandem-Lokomotive beschäftigt. Ich studierte die Bewegung der Pleuelstange und der Kolben und wusste, dass sie bei diesem Spielzeug verkehrt herum funktionierte, weil die Drehbewegungen der Räder die Pleuelstangen bewegten und nicht umgekehrt. Auf meine Fragen hin hatte mir mein Großvater erklärt, wie eine echte Dampflokomotive funktioniert.

Gewissermaßen nebenbei lernte ich mit der Polung beim Gleichstrom umzugehen; ich probierte aus, wie ich + und – handhaben und den Stromkreislauf öffnen oder schließen musste, damit die Schranken sich senkten, wenn der Zug vorbeifuhr, oder die Lokomotive vor einem Haltesignal zum Stehen kam.

Ich erfuhr auch, wie ein Elektromagnet funktionierte, indem ich mich daran wagte, die Karosserie meiner Lokomotive auseinanderzunehmen. Um zu überprüfen, ob ich die richtigen Schlüsse gezogen hatte, ohne erneut meine hübsche Maschine zu zerlegen, holte ich bei meinem Großvater und meinem Onkel Jean einige Informationen ein und umwickelte dann ein Stück Weißmetall, das ich gefunden hatte, erst mit Plastik und schließlich mit einem Kupferdraht. Beim ersten Mal scheiterte das Experiment und schnell wurde mir klar, warum: Ich isolierte den Draht mit Nagellack und bemühte mich, ihn anschließend völlig gleichmäßig um das Metall zu wickeln. Jetzt funktionierte der Elektromagnet ganz hervorragend.

Im Laufe der Zeit bekam ich eine zweite Lokomotive, mehrere Signale und einige ferngesteuerte Weichen. Neben dem Zerlegen, Reinigen und Ölen meiner Maschinen bestand meine Lieblingsbeschäftigung darin, mich auf den Boden zu legen und die Lokomotiven auf Augenhöhe vorbeifahren zu sehen. Oft schaltete ich das Licht aus und schloss die Fensterläden, um eine Nacht zu simulieren, in der nur das schwache grüne Licht des Flügelsignals schimmerte; langsam näherten sich dann die drei Lichter der Lokomotive, und sobald sie vorbeigefahren war – ich stellte mir ein donnerndes Geräusch dazu vor – folgte ich dem roten Fähnchen des letzten Waggons mit den Augen. Dieser letzte Waggon mit seinem Schlusslicht lag mir besonders am Herzen, ebenso wie die Innenbeleuchtung der anderen Wagen, die ich selbst installiert hatte. An dem beleuchteten Zug im Dunkeln konnte ich mich gar nicht sattsehen.

Ich baute zahlreiche Lokomotiven aus Papier oder Karton, wobei ich penibel das Material rollte, um den Heizkessel und die Röhren nachzubilden, oder ein Stück Wellpappe teilweise platt drückte, um mir Gleise zu basteln.

Später nahm ich einige alte Zahncremetuben aus Metall, schnitt sie auf, bearbeitete sie mit dem Hammer und glättete sie sorgfältig, bevor ich das Material zuschnitt und faltete, um eine Lokomotive »ganz aus Metall« zu konstruieren, auf die ich unglaublich stolz war.

Zahlreiche Bücher über Lokomotiven kamen ins Haus. Gemeinsam mit Delphine suchte ich die *Bibliothèque Fornay* auf, wo ich mich in die vielen Fachbücher vertiefte und unzählige Illustrationen fotokopierte. Ich studierte die Daten, die Systeme – ach, die großen Namen wie Compound oder Mallet! – die Geschichte der Eisenbahn (von Georges Stephenson bis zu den ersten elektrischen Triebwagen), die Entwicklungen, Strecken, die großen Bauprojekte und die zugehörigen Anekdoten.

Seite um Seite der mit herrlichen historischen Fotos illustrierten Bücher folgte ich meinen Lokomotiven quer durch Frankreich und bis in die entlegenen Winkel des Wilden Westens und erlebte die großen Momente der Geschichte nach. Die Lokomotiven, die ich unablässig zeichnete und malte, lenkten mich schließlich zu den eisenbahnbezogenen Werken der Literatur, darunter unweigerlich auch zu Zolas *Die Bestie im Menschen*, wo ich mit Tränen in den Augen meine Lieblingsszene der drei herannahenden Scheinwerfer in der Nacht wiederfand ...

## Autos

Ich kann nicht genau sagen, was erstmals mein Interesse an Autos auslöste. Wahrscheinlich ein Gesamtkatalog von Renault, den ich ausführlich studierte, als ich noch sehr klein war.

Ich weiß noch, dass ich in unserer Wohnung im ersten Stock bei Einbruch der Dunkelheit auf den Heizkörper kletterte und von diesem Aussichtspunkt stundenlang durch das Fenster die Autos beobachtete, die durch die Rue de Grenelle fuhren. Ich sah sie mit eingeschalteten Frontscheinwerfern herannahen, betrachtete beim Vorbeifahren die Karosserien von oben und studierte ihr Heck und die Rückleuchten, deren Form und Anordnung mich besonders interessierten, während sie sich wieder entfernten.

Ich schätzte besonders die Autos, bei denen es für jede Farbe und Funktion eigene »Kästchen« gab: orangefarbene für die Blinker, rote für die Standlichter, andere rote für die Bremsleuchten und weiße für den Rückwärtsgang. Ich mochte die Modelle nicht, bei denen sich Standlicht und Bremslicht ein und dasselbe »Kästchen« teilten. Die gelungene geometrische Gestaltung der Rückleuchten des Peugeot 504 gefiel mir besonders gut.

Mit was für ungewöhnlichen Dingen man sich als Kind mit ganzer Hingabe beschäftigen kann! Niemand mischte sich ein, kommentierte, was ich tat, oder störte mich in meinen Beobachtungen – und niemand überredete mich, sie für eine »konstruktivere« Beschäftigung aufzugeben.

Einsam und konzentriert ging ich auf meinem Heizkörper sitzend meinen Beobachtungen nach, und bald schon konnte ich alle Fahrzeuge erkennen; nicht nur die verschiedenen Marken und Modelle, sondern auch die Gemeinsamkeiten verschiedener Modelle innerhalb einer Marke. Ich lernte zwischen einem Kombi und einem Coupé, einer Limousine und einem Cabriolet zu unterscheiden, und mein Lieblingsspiel bestand darin, die Autos anhand des Geräusches oder der Scheinwerferform zu identifizieren. Oft gelang es mir, mit einem kurzen Blick die Ausführung eines Modells – Standard, Luxus, Sport – an charakteristischen Details zu erkennen: die doppelten runden Schweinwerfer mancher sportlichen Autos, die weißen vorderen Blinklichter der Standardausführung des Simca, die teils runden, teils eckigen Scheinwerfer der verschiedenen Versionen des Citroën 2CV.

Mein Lieblingsauto wurde eben dieser 2CV: die Ente. Ich konnte ihr Motorengeräusch nachahmen, mir waren alle Ausführungen vertraut. Ich zeichnete sie mit geschlossenen Augen und hatte meine helle Freude an den federnden Stoßdämpfern der Modellautos, die mir Papa schenkte.

Ich sammelte und zerpflückte alle Autokataloge, derer ich habhaft werden konnte. Um die Autohändler dazu zu bewegen, einem Kind einen ihrer kostbaren Kataloge zu überlassen, hatte ich so meine Strategien entwickelt.

Wenn Papa Auto fuhr, begann ich ihn dabei zu beobachten: das Ballett, das seine Füße auf den Pedalen veranstalteten, seine Handgriffe am Lenkrad und der Schaltung. Ich verinnerlichte das Zusammenspiel von Ursachen und Wirkungen, die Vorgänge beim Beschleunigen, die Motorengeräusche, das Bremsen, das Wechseln der Gänge, das Setzen des Blinkers, die Anzeige des Tachometers.

Aus Papier bastelte ich mir ein Lenkrad und ein Armaturenbrett, mit denselben Anzeigen ausgestattet wie Papas Auto. Das Ganze befestigte ich an der Rückenlehne des Vordersitzes, sodass ich auf dem

Rücksitz alle seine Bewegungen imitieren konnte, wenn wir gemeinsam im Auto unterwegs waren.

Mein Großvater begann mir Fahrstunden zu geben. Wir übten mit seinem geduldigen, nachsichtigen, alten Citroën Ami6, als ich ungefähr sechs Jahre alt war.

## *Lego Technic*

Als ich zehn Jahre alt war, erhielt ich zu Weihnachten von Delphine eine große Schachtel mit Lego-Bausteinen. Es handelte sich um eine Variante, die ich noch nicht kannte: Lego Technic.

Ich hatte schon immer mit den ganz normalen Legosteinen gespielt und komplizierte Konstruktionen damit errichtet, wobei drei Faktoren berücksichtigt werden mussten: mein Verlangen nach Realismus (dem mit den kubischen Steinen eher schwierig nachzukommen war), meine Ordnungsliebe (es wurden nicht einfach verschiedenfarbige Steine planlos durcheinander verbaut) sowie die begrenzte Zahl an Steinen, die zur Verfügung standen (es mussten Kompromisse gemacht werden, um eine geplante Konstruktion dennoch zu verwirklichen).

Die Basissteine von Lego vermittelten mir außerdem von klein auf eine gute Vorstellung von manchen mathematischen und geometrischen Grundsätzen. Als Basisstein bezeichnete ich jenen, der mich von seiner Form her an einen Backstein erinnerte und zwei Reihen mit jeweils vier Noppen hatte. Für mich erschloss es sich von selbst, dass die Breite dieser Steine die

Hälfte ihrer Länge ausmachte und dass zwei die Hälfte von vier und vier wiederum die Hälfte von acht war. Wenn ich einen Basisstein auf lediglich eine Noppenreihe eines anderen Basissteines setzte, gelangte ich zu derselben Erkenntnis, nur über ein anderes Bild. Als halben Stein bezeichnete ich den quadratischen Stein mit vier Noppen. Ich mochte auch die ganz kleinen Bausteine mit zwei oder die wenigen mit nur einer Noppe. Dagegen waren mir die Steine mit sechs Noppen meistens ein Dorn im Auge, es sei denn, ich legte sie längs zu einer Vierer-Reihe oder ergänzte sie um einen Stein mit zwei Noppen oder bildete aus zweien den Sockel, auf den ich einen Basisstein längs setzte.

Die Legoschachtel, die mir Delphine schenkte, war groß, schwarz und gefüllt mit gelben und grauen Teilen, die zu einem Bulldozer zusammengebaut werden sollten. Zunächst verwirrten mich die Vielzahl und die Komplexität der Teile. Viele Elemente hatten keine geometrische Form und auch keine Noppen, manche Steine hatten zwar einen vertrauten Umriss, aber es waren Löcher hindurchgebohrt, und es gab Zahnräder, Lenkräder, kreuzförmige Achsen, kleine Nieten und Zahnstangen – so viele unbekannte Teile, deren Funktion ich erst noch herausfinden musste.

Mit diesem Bausatz lernte ich, einen Montageplan zu lesen und die Ergonomie und Chronologie beim Zusammenbau zu beachten. Seite um Seite arbeitete ich mich durch die Anleitung, und mein Bulldozer mit den vielen Funktionen nahm Gestalt an und wuchs Stück für Stück, während sich mir unablässig neue Gesetze und Finessen der Mechanik offenbarten.

Ich weiß noch, wie tief beeindruckt ich war: Ich machte meine ersten Schritte in der Welt hinter dem Spiegel, die mich immer angezogen hatte, aber deren Geheimnisse mir bisher verschlossen waren. Plötzlich lüftete man für mich die Karosserie der Maschinen, gab mir Pläne und Bauteile und ermöglichte mir nicht nur, die einzelnen Funktionsweisen der verschiedenen Teile zu beobachten, sondern sogar die Maschinen selbst zu konstruieren – für mich der beste Lernprozess.

Auf dieser Stufe war ich noch von den unbekannten Bauteilen und Kausalzusammenhängen eingeschüchtert und folgte deshalb genau den Bauanleitungen.

Nachdem ich mich einen Tag lang mit ungeteilter Aufmerksamkeit dem Zusammenbau des Bulldozers gewidmet hatte, ging ich daran, ihn gewissenhaft wieder auseinanderzunehmen, um die Teile gemäß den beiliegenden Anleitungen zu zwei anderen Maschinen zusammenzubauen. Sie gefielen mir allerdings weniger gut. Also setzte ich den Bulldozer wieder zusammen und merkte dabei, wie mir die Zusammenhänge immer klarer wurden.

An diesem Tag besuchte uns ein mir bis dahin unbekannter Freund meiner Eltern mit seiner Frau und den beiden Töchtern Emmanuelle und Anne.

Wir schlossen sogleich Freundschaft. Unser Alltag war so kosmopolitisch, dass wir Fremden, ob groß oder klein, immer als potenziellen Freunden begegneten.

Schon nach wenigen Minuten spürte ich ein besonderes Band zwischen mir und Anne, dem jüngeren der beiden Mädchen, die aber 18 Monate älter war als ich. Zwar war sie in meinen Augen schon groß, sehr schön und sehr mysteriös. Aber dieses Gefühl von Nähe war viel stärker als bei anderen Freundschaften und berührte mich besonders, weil ich es bisher nur Familienmitgliedern gegenüber empfunden hatte.

Von dieser ersten Begegnung an haben Anne und ich im Guten wie im Schlechten alle Schattierungen einer unzerstörbaren Freundschaft erlebt, auch wenn unsere Lebenswege uns nur dann und wann zusammenführten.

Ein Zeichen für das aufkeimende Gefühl von Nähe war, dass ich Anne meinen Lego-Bulldozer anvertraute! Und ich beobachtete Folgendes: Anne *spielte* mit den Funktionen dieser Maschine, sie ließ die Schaufel sich heben und senken, belud sie mit Holzperlen, und klappte sie wieder herunter, um sie zu entleeren ... ich aber analysierte währenddessen all die mechanischen Bewegungen bei den einzelnen Manövern und erfasste dabei die seltsam sachliche Logik, der sie gehorchten. Anne hatte die Rolle des Benutzers, ich mit einem Mal die Rolle des Technikers.

Es hatte mich gepackt, ich wollte jetzt *alles* über Mechanik erfahren.

Ich begann mit dem Versuch, die schematischen Prinzipien von Lego Technic auf die sichtbaren Bestandteile von Autos in meiner Umgebung zu übertragen. Ich öffnete einige Motorhauben, erkannte bestimmte Teile wieder und begann nun, mir im Geiste ein Bild ihrer Funktionsweisen im Inneren des Fahrzeuges zu machen. Aber vieles blieb nach wie vor rätselhaft.

Ich benötigte noch mehr Erklärungen. Ein Blick in den Katalog von Lego Technic sagte mir, dass ich dort einiges finden konnte, was maßgeschneidert zu meiner Art zu erforschen passte.

Zunächst einmal wurde mir klar, dass mir ein richtiger Motor fehlte. Lego hatte einen solchen im Programm: Er war elektrisch, für Konstruktionen mit Legosteinen geeignet und wurde mit drei Batterien betrieben.

Ich studierte anhand der Fotos die Beschaffenheit des Motors sowie die dazugehörigen Bauteile und erschuf in Gedanken bereits die verschiedenen Zusammensetzungen, die mit dem Material möglich waren.

Es war ein großer Tag, als Papa und Mama mir den Motor kauften. Der kleine Karton war für mich ein kostbarer Schatz. Die kreuzförmige, schnelldrehende Achse symbolisierte den Beginn einer neuen Ära, in der meine Spielsachen dem Stadium der Simulation entwuchsen. Die Schachtel enthielt einige Teile sowie ein Faltblatt mit wesentlichen Informationen: Es erklärte, wie man anhand des Durchmessers der Scheibe oder der Anzahl an Zähnen des Zahnrads die entsprechende

Übersetzung berechnete. Man erfuhr die Drehzahl des Motors pro Minute, was mir die Möglichkeit eröffnete, die theoretische Geschwindigkeit eines sehr leichten Autos zu kalkulieren, das ich zu diesem Zweck konstruierte. Ich musste berechnen, welche Strecke mein Rad innerhalb einer Umdrehung zurücklegte. Ich holte Erkundigungen ein und entdeckte auf diese Weise die Kreiszahl Pi. Da ich das Bedürfnis hatte, das mathematische Ergebnis in der Praxis zu überprüfen, maß ich den Umfang mithilfe eines Papierbandes, das ich um das Rad legte. Erst nachdem ich mich von der Richtigkeit dieser Formel überzeugt hatte, verwendete ich Pi in meinen Berechnungen.

Mit der Kenntnis der Kreiszahl war es nun einfach: Ich multiplizierte die zurückgelegte Strecke des Rads mit der Anzahl der Umdrehungen pro Minute und dann mit 60, um die Geschwindigkeit in Stundenkilometern zu erhalten. Das Ergebnis beglückte mich sehr.

Papa und Mama verfolgten meinen Forschungsdrang aufmerksam und bald erhielt ich einen Gabelstapler, der mir u.a. Einblicke in die Funktionsweise einer Zahnstangenlenkung verschaffen sollte und den ich ausgesucht hatte, weil er von einer »vernünftigen« Größe und somit erschwinglich war – ein wichtiges Argument, um Mama und Papa zu überzeugen.

Was waren das für herrliche Stunden, in denen ich all diese Entdeckungen machte! Und welch ein magisches Gefühl, wenn sich mir bestimmte, in meinen Augen so wesentliche Dinge erschlossen!

Die nächste Maschine, für deren Anschaffung ich einige Monate später warb, war ein riesiger blauer Traktor, unter dessen Motorhaube sich Kurbelwelle und eckige Kolben drehten – für mich die Verheißung, endlich das Prinzip des Verbrennungsmotors, das mir mein Großvater in den Grundzügen anhand einiger sehr klarer, einfacher Schemata erläutert hatte, selbst erforschen zu können.

Von diesem Traktor war ich einige Wochen ganz besessen. Ich betrachtete ihn in der Auslage des nahe gelegenen Kaufhauses *Bon Mar-*

*ché*, vertiefte mich stundenlang in die Bilder im Prospekts und des Nachts stellte ich mir vor, wie sich die Kolben in ihren Lego-Zylindern bewegten. Als ich ihn dann zu meinem Geburtstag geschenkt bekam, verspürte ich ein Gefühl von Erlösung, Glück und unvergesslicher Vollkommenheit.

Ich spielte stundenlang. Mittlerweile besaß ich genügend Bauteile und Erfahrung für eigene mechanische Konstruktionen, mit denen ich die technischen Erkenntnisse aus meinen täglichen Experimenten in die Praxis umsetzte.

Dafür musste ich die bereits gebauten Modelle auseinandernehmen. Ich achtete sorgsam darauf, die Einzelteile jeweils wieder in die Schachtel des ursprünglichen Modells zu legen, selbst wenn sie in Form und Farbe austauschbar waren. Noch heute sind meine Lego-Bausätze im Originalzustand und vollständig – mit den Fächern für die Einzelteile, Kartondeckeln, Montageplänen und sogar den Werbeprospekten von damals ...

Von Monat zu Monat wuchsen meine technischen Kenntnisse parallel zu meiner Legosammlung, die nach und nach um je ein ganz bestimmtes Modell erweitert wurde, das mir zum Verständnis, zur Vervollständigung oder zum Bau eines Systems diente. Ich war mir vollkommen bewusst, welchen Wert diese Bausätze hatten, die meine Eltern Stück für Stück entsprechend meinen Forschungen und Wünschen erwarben; und dazwischen lagen immer lange Zeiträume. Ich wusste, dass es eine finanzielle Belastung für sie war, aber mein Warten war vertrauensvoll und ausgefüllt. Die Bausätze jedoch als Belohnung einzusetzen wäre ihnen nie in den Sinn gekommen. Meine Eltern hätten niemals mein Verlangen nach Lego Technic genutzt, um mir irgendeinen Gehorsam abzupressen.

Von Zeit zu Zeit war es dann wieder so weit: Mama ging mit mir zu Bon Marché. Das lief immer nach einem bestimmten Ritual ab, das meine Vorfreude nur noch steigerte und die Besonderheit des Ereignisses unterstrich. Wir gingen immer am Mittwochnachmittag und warteten dann manchmal mehrere Stunden, bis die übliche Durchsage erklang, mit der die Werbeaktion angekündigt wurde: »In der nächsten halben Stunde gibt es einen Nachlass von 20 Prozent auf die Artikel in der Spielwarenabteilung.«

## *Autos, zweiter Teil*

Im Zuge meiner Experimente mit Lego Technic erweiterte sich auch mein Interesse an Autos. Nunmehr interessierte ich mich nicht mehr ausschließlich für die Gestaltung der Karosserie, der Scheinwerfer oder des Fahrzeugraums, sondern für das mechanische Innenleben.

Ab dem Tag, als Delphine mir bei dem Zeitschriftenhändler in Lézan eine Ausgabe des *Auto-Journal* kaufte, wurden Autos für einige Jahre zu einem nahezu ausschließlichen Beschäftigungsfeld.

Nur wenige Tage später abonnierte ich das *Auto-Journal.* Es war mein erstes Zeitschriftenabonnement. Eine Erwachsenenentscheidung, für die ich mich zunächst ehrfürchtig über die Bedingungen informierte, dann das Formular ausfüllte, um einen Scheck bat und schließlich alles abschickte und das Eintreffen der ersten Ausgabe erwartete. Die Zeitschrift war eine unerschöpfliche Informationsquelle. Ich erfuhr alles Mögliche über die Technik, die Geschichte, über Autorennen, Fahrtechniken, die Verwandtschaft der verschiedenen Modelle, aktuelle Ereignisse und Fachbegriffe. Ein Nebeneffekt war, dass ich beim Lesen mit dem Fachjournalismus vertraut wurde.

Aber das *Auto-Journal* war bei Weitem nicht meine einzige Lektüre zum Thema Auto. Es kamen unzählige Bücher ins Haus, welche die Geschichte verschiedener Fahrzeuge erzählten, von Cugnots *Fardier* über den KdF-Wagen, die atemberaubende Geschichte des *Bluebird* von Sir Malcolm Campbell bis zu den neuesten Modellen von Ferrari, außerdem die Bücher, in denen Jacques Wolgensinger von den abenteuerlichen Citroën-Expeditionen erzählt.

Diese Zeit überschnitt sich teilweise mit meiner Proust-Phase, und ich begann mit dem Schreiben zahlreicher Automobilromane, aber damit war es schnell wieder vorbei. Das Verfassen meiner *GAZette d'échappement* – worauf ich noch ausführlicher zu sprechen komme – vertiefte dagegen noch meine Leidenschaft für alles, was vier Räder hatte.

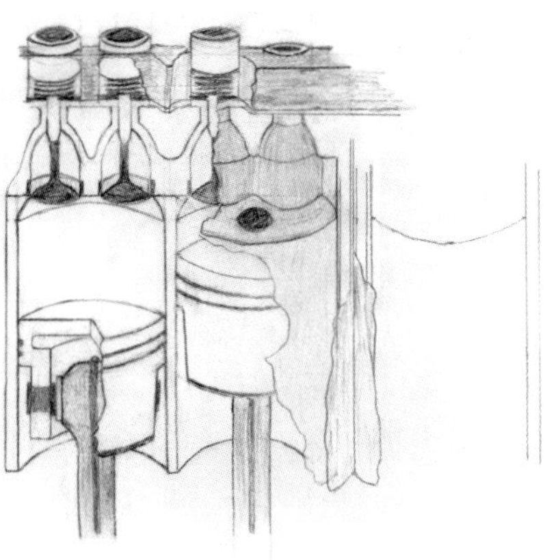

In jenen Jahren schuf ich eine unglaubliche Anzahl an Schriften, Konzepten, Spielen und technischen Zeichnungen, die mit dem Automobil in Zusammenhang standen.

Ich baute funktionelle Modelle, indem ich Karosserien aus Karton mit einem Lego-Fahrgestell kombinierte, und erfand dann allerlei Geschichten, Spiele und Arbeiten dazu; ich stellte mir vor, ich sei Ingenieur, schrieb Testberichte wie im *Auto-Journal*, machte mich zum Prototypen-Jäger, der die nächsten Modelle sensationsheischend in der Automobilpresse vorstellte.

Eines dieser Modelle, einen Dragster mit der Karosserie eines Simca. 1100, fand ich so gelungen, dass ich es aus allen Blickwinkeln fotografierte. Ich entwarf mit großer Sorgfalt ein Layout und umrahmte die Fotografien mit einer lobenden Beschreibung des Fahrzeugs, die ich gewissenhaft abgetippt hatte. Auf diese kleine Broschüre war ich sehr stolz.

9/ DRAGSTERN 1100

**2** LE PREMIER RUN

J'avais déjà fait rouler mon drag, mais avec des piles déficientes, peu excitant! Et pourtant le plumage de mon drag donnait envie d'aller voir comment était le "vrai" ramage. Ce fut possible lorsque ma maman m'apporta de nouvelles piles.

Je fus seul dans l'appartement, j'avais à ma disposition les 750 cm de la ligne droite de la grande Cépie*, je plaçais mon drag à l'un de ses bouts, donnais 3 brefs coups d'accélérateur afin de chauffer les pneus, visais le but et lachais tout...

...ce fut court: la 11oo bondit en avant en "cirant" un peu, dans un feuleument sourd qui se transforma, croissance du régime moteur aidant, en un rugissement

*Cépie, anagramme de piéce

Eines meiner realistischsten Projekte war der *Conseil Automobile Indépendant*, der auf einem einfachen Konzept beruhte: Viele potenzielle Autokäufer haben nicht viel Ahnung von der Materie und sind angesichts all der Marken, Modelle, Ausführungen und Sonderausstattungen, der vielen Händler und Prospekte sowie der mangelnden Objektivität ihrer Informationen recht ratlos, wenn es um die Wahl eines geeigneten Fahrzeugs geht. Ich entwarf ein umfangreiches Formular, das im Laufe eines Gesprächs mit den Autokäufern ausgefüllt werden sollte. Anhand von Kriterien wie Budget, bisher benutztem Fahrzeug, der Zahl der jährlich gefahrenen Kilometer, der Anzahl der gewünschten Plätze und Türen, persönlichen Präferenzen und Ähnlichem konnte ich ganz objektiv den passenden Fahrzeugtyp und das richtige Modell für den Kunden finden. Kürzlich hielt ich die Entwürfe des Formulars und des kurzen Vorstellungstexts wieder in Händen und war überrascht, wie ernsthaft ich damals an dieses Projekt herangegangen war, das ich noch heute für ziemlich überzeugend halte.

Einer der Höhepunkte meiner automobilbegeisterten Zeit war der Besuch der Renault-Werke auf der Île Seguin nahe Paris. Ich hatte mich mit einer Familie angefreundet, deren Kinder im Malort bei Papa malten. Ihr Vater war Ingenieur bei Renault und bot mir an, mich durch die Fabrik zu führen – ein äußerst seltenes Privileg. Wir ver-

brachten dort einen ganzen Tag und er zeigte mir wirklich alles. Mit großen Augen und angehaltenem Atem saugte ich all die Informationen und Eindrücke in mich auf: die Büros, die Lagerhallen, die Fließbänder und Pressen, die Karosseriebearbeitung, die Kathaphorese (das kathodische Tauchbad), die Lackiererei, die Kantine, in der wir (eher schlecht) zu Mittag aßen, die mechanische Montage, die Roboter, die letzten Arbeitsschritte, die kurze Versuchsstrecke, die Terrasse mit Blick auf den Sonnenuntergang und die Seine – ich konnte nun alles in der Wirklichkeit sehen, was ich bislang nur aus meinen Büchern kannte. Am Ende des Tages waren wir viele Kilometer gelaufen und ich kehrte erschöpft nach Hause zurück, wo ich sogleich daranging, alles, was ich gesehen hatte, niederzuschreiben und in Zeichnungen festzuhalten.

Mit 14 Jahren avancierte ich also zu einer wandelnden Automobil-Enzyklopädie. Bis heute wenden sich Familienmitglieder an mich, wenn sie eine Frage zu diesem Thema haben. Ich führte die Gespräche mit den Automechanikern, ich täuschte mich nie bei einer Diagnose, und oftmals fand ich Defekte rechtzeitig, bevor sie unsere Autos lahmlegten.

Im Hinblick auf den Ferrari 166 MM und den Simca 1100 spezialisierte ich mich noch weiter.

Meine Liebe zum Simca 1100 überdauerte dabei sogar unseren eigenen, den wir irgendwann aufgeben mussten, weil er wirklich schon auseinanderfiel.

Mein Detailwissen beruhte auf ständiger Beobachtung. Ich verließ das Haus nie ohne ein kleines Heft für Notizen oder Skizzen zu allen spezifischen Merkmalen, die mir an einem Modell auffielen, das ich ir-

gendwo sah. Ich ging auf die »Jagd« nach ausgefallenen Versionen und freute mich riesig, wenn ich an einer Straßenecke auf eine besonders alte oder ungewöhnliche Ausführung eines Simca 1100 traf.

Ich kannte jedes mögliche Armaturenbrett, jedes Lenkrad, jede verchromte Zierleiste; ich wusste, welcher Ausführung und welcher Epoche dieses oder jenes Detail zuzuordnen war, und ich zeichnete und malte den Simca 1100 ebenso wie andere Autos in allen nur erdenklichen Situationen.

Niemand brachte mich jemals von dieser ungewöhnlichen Beschäftigung ab und niemand beurteilte sie jemals als unangebracht oder übertrieben.

## *Zauberei*

Ich durchstreifte die Spielwarenabteilung des Kaufhauses *Bon Marché*, während ich gemeinsam mit meiner Mutter und Eléonore darauf wartete, dass die 20-Prozent-Aktion angekündigt wurde. Diesmal sollte eine Puppe gekauft werden, auf die Eléonore schon lange sehnsüchtig wartete. Ich betrachtete all die Spielsachen, aber ich wollte sie nicht haben. Unsere Eltern waren sehr auf Qualität und den Bezug zur Realität bedacht, wenn es um unsere Spielsachen ging. Das hatte meinen Geschmack geprägt und bewirkte, dass ich mich mit kritischem Blick

von all dem Ramsch, den lächerlichen und grotesken Spielwaren abwandte.

Dazu fällt mir folgende kleine Anekdote ein: Als meine Frau Pauline jüngst das Foto sah, das mich mit dieser naturgetreuen Ente – einem Lockvogel für Jäger – in der Badewanne zeigt, kommentierte sie: »Ach, das war mir klar, dass deine Badeente nicht die übliche gelbe Ente mit rotem Schnabel war!«

Ich spazierte also durch die Spielwarenabteilung des *Bon Marché*, als ich bemerkte, dass sich am Ende eines Ganges Menschen unterschiedlichen Alters vor dem Tisch eines Mannes in schwarzem Anzug drängten. Er führte Zaubertricks vor. Jedes Mal, wenn jemand die Ansammlung verließ, rückte ich ein Stück weiter nach vorne, bis ich schließlich direkt vor dem Tisch stand und fasziniert beobachtete, was da passierte.

Ich wusste, dass hier keine Hexerei im Spiel war, sondern dass sich ein Zauberkünstler auf seine Fingerfertigkeit und sein Geschick im Umgang mit den Utensilien verließ – und genau diese Fähigkeit faszinierte mich. Obwohl ich mich sehr konzentrierte, gelang es mir nie, den Trick zu durchschauen, und jedes Mal schlug mich im Moment des Verblüffens, wenn ein gekonnt inszeniertes Kunststück schließlich gelang, doch wieder die Magie in ihren Bann.

Im Gegensatz zu einem anderen Zauberkünstler, den ich einige Jahre zuvor gemeinsam mit meinem Bruder Bertrand auf einer Kleinkunstbühne in Köln bewundert hatte, war dieser hier greifbar. Für alle Tricks, die er vorführte, konnte man die Utensilien kaufen. Sie lagen in kleinen roten Säckchen mit dem Aufdruck *Magicolo* auf dem Tisch vor ihm. Ich beobachtete, dass jeder dritte Zuschauer solch einen Beutel erwarb.

Der Mann – er hatte sich der Menge als Bernard vorgestellt – beobachtete mich, während er seine Kunststücke vorführte, und manchmal zwinkerte er mir zu. Er bemerkte meine Faszination und wohl auch, dass sein Geschick und nicht der Glaube an die Zauberei mein Interesse weckte. Als routinierter Vorführer freute er sich offenbar, wenn jemand bemerkte, wie gut er sein Handwerk beherrschte.

Entgegen seinem üblichen Vorgehen sprach Bernard mich während einer Pause an: »Möchtest du, dass ich dir einen Trick erkläre? Schau mal!«

Wir kauerten uns hinter seinen Vorführtisch und ich entdeckte bewundernd das Geheimnis der zwei Kunststücke, die mich besonders interessierten.

Von diesem Tag an widmete ich mich der Zauberei. Ich las mehrere Bücher, bastelte Utensilien, besuchte das Zaubereimuseum, begleitete Bernard in ein Geschäft namens *Paris-Magic*, wo die *Magicolo* und das Zubehör für eine Fülle anderer Zaubertricks – von einfachen bis hoch komplizierten – hergestellt wurden. Ich verbrachte Stunden in diesen Räumlichkeiten, mischte mich unter die Lauf- und Stammkunden dieser kleinen Welt, die mich anleiteten und mit mir übten, weil ihnen mein Eifer und meine wachsende Geschicklichkeit Vergnügen bereiteten.

Meine Feuerprobe bestand ich vor meiner Familie, dann führte ich die Kunststücke bei Geburtstagen an der Kaffeetafel oder während Abendeinladungen bei Freunden vor. Damit verdiente ich ausreichend Geld, um wiederum zahlreiche weitere *Magicolo* zu erwerben. Ich feilte an meinen Kunststücken, bis ich über das Repertoire für ein halbstündiges Programm verfügte, mit dem ich wegen der für ein Kind unerwarteten Professionalität die Zuschauer fesseln konnte. Die Mundpropaganda funktionierte, und ich erhielt immer wieder Anfragen für Zaubervorführungen.

## *Hieroglyphen*

In Paris fand eine große Ausstellung über das alte Ägypten statt und Mama, Papa, Eléonore und ich statteten ihr einen Besuch ab. Damals wurden die Exponate noch auf der Höhe von Kinderaugen präsentiert.

Untergegangene Kulturen hatten mich schon immer besonders fasziniert,[2] und ich folgte unabhängig von meinen Eltern beim Rundgang durch die Ausstellung meinem eigenen Rhythmus.

An einem Schaukasten stand neben mir ein alter Herr, der sich auf den Arm einer jungen Frau stützte. Was mich verblüffte, war, dass er die hieroglyphischen Inschriften las und seiner Begleitung übersetzte.

Gebannt folgte ich ihnen von einer Vitrine zur nächsten.

Beim Verlassen der Ausstellung hatte ich nur einen Gedanken im Kopf: Ich wollte lernen, Hieroglyphen zu entziffern.

Während Mama und Papa sich bemühten, einen Lehrer zu finden, konsultierte ich als erste Quelle Mamas alten rosafarbenen Larousse. Fieberhaft nahm ich alle Informationen auf, die die Enzyklopädie zu bieten hatte. Manche Zeichen malte ich nach und begann, ihr grundlegendes Prinzip und die Geschichte ihrer Erschließung durch Jean-François Champollion zu ergründen.

Ich suchte in unserer Bibliothek nach Büchern über das alte Ägypten. Anschließend durchforstete ich die entsprechenden Bände, um die Informationen über Hieroglyphen auszusieben. Meine Ausbeute war nicht groß, aber die Bücher nahmen mich dennoch mit auf eine fantastische Reise durch das alte Ägypten, auf der ich mit hungrigen Augen seiner Geschichte, seinen Gesetzen, seiner Ikonografie, seinen Mythen, seinen Göttern, seinen Pharaonen, seiner Architektur sowie den damit verbundenen Namen und Daten begegnete.

Auf diese Weise trug ich – Google und Wikipedia gab es ja damals noch nicht – einiges Material zusammen, darunter auch eine Art Alphabet. Meine Familie wusste von meinen Recherchen, und alle halfen mir sanft, indem sie mir Informationen zuschoben, wenn sie zufällig darauf stießen.

Ich verglich sorgfältig einige Sätze mit ihrer jeweiligen Übersetzung, wobei ich geduldig und manchmal auch mit Erfolg nach Entsprechungen und Korrelationen suchte, so wie ich einige Jahre zuvor durch Grübeln und Ausprobieren die Briefe in Geheimschrift entziffert hatte, die Delphine und ich uns damals schrieben.

Papa und Mama besorgten weitere Bücher zum Thema; und manchmal ging ich auch mit in die Buchhandlungen, um bei der Suche nach spezifischen Werken dabei zu sein.

Eines Tages brachte Papa ein sehr dickes, kostbares Buch nach Hause, das ich bestellt hatte: das Faksimile der ersten Veröffentlichung von Champollion.

Die Lektüre dieses herrlichen Werkes war schwierig, ja eigentlich unmöglich für mich. Aber ich ließ nicht locker und las dieselben mit kleinen Zeichnungen illustrierten Absätze immer wieder hingebungsvoll, sodass ich letztendlich immerhin so viel verstanden hatte, dass ich, umrahmt von einer erhabenen gezeichneten Kartusche, die hieroglyphischen Konsonanten meines Vornamens zusammenstellen konnte.

Wie schon erwähnt, besuchten Mama und ich als Gasthörer regelmäßig Vorlesungen am *Collège de France*. Mama freute sich sehr, als sie im Verzeichnis auf die Vorlesungen in Ägyptologie von Professor Jean Leclant stieß. Auch wenn Hieroglyphen nicht direkt Inhalt seines Kurses waren, war es sehr bereichernd, Jean Leclants poetischer Stimme und seinen faszinierenden Ausführungen über Ägypten zu lauschen.

Zu Beginn rief mein Alter Neugier bei der Zuhörerschaft hervor, zumal diese sich hauptsächlich aus Rentnern zusammensetzte. Doch bald schon wich die Neugier einer wohlwollenden Selbstverständlichkeit, und niemand fragte, warum ich mitten am Tag in den Vorlesungen saß, statt in der Schule zu sein.

Ich war sehr traurig, als Professor Leclant mit Erreichen der absurden Altersgrenze, die man in der Verwaltung festgelegt hatte, seine Vorlesungen aufgab.

Noch immer verspüre ich den bis heute unerfüllten Wunsch, das Lesen von Hieroglyphen zu lernen. Und ich bin mir vollkommen sicher, dass der Tag kommen wird – mittlerweile weiß ich auch, auf welchem Weg ...

## *Weitere unerwartete Entdeckungen und die entsprechenden improvisierten Stunden*

Das Jahr 1981. Der Wahlkampf zu den Präsidentschaftswahlen beherrschte das Land; Radio, Zeitungen und die Menschen kannten kein anderes Thema und die Mauern der Stadt waren mit Plakaten gepflastert. Auf diese Weise entdeckte ich die Politik, ihre Akteure und Mechanismen.

Ich hörte zu, las und zog meine eigenen Schlüsse daraus. Ich erkundigte mich, um herauszufinden, was »die Rechte« und was »die Linke« bedeutete. Und bald schon kannte ich das Organigramm einer Regierung, die verschiedenen Mitglieder und Hierarchien. Ich lernte auch, dass mit »radicaux« (Radikale) trotz der phonetischen Ähnlichkeit mit »haricots« (Bohnen) keine Hülsenfrüchte gemeint waren.

Dieses zeitweilig große Politikinteresse wurde zum Gegenstand eines Spiels, das Delphine und ich mit großem Ernst betrieben. Es ging darum, einen Wahlkampf zu führen, um Präsident unserer Familie zu werden.

Wir beide waren die Kandidaten und traten während einiger Wochen, wie es sich gehörte, gegeneinander an: Wir verfassten Reden, die wir mit unserer kindlichen Imitationsgabe vortrugen, beklebten die

Wände unserer Wohnung mit Plakaten und verteilten Traktate an die übrigen Familienmitglieder, die großen Spaß an unserem Eifer und der kämpferischen Argumentation hatten.

Nachdem dieses Spiel uns eine Weile vollkommen in Beschlag genommen hatte, legte sich die Begeisterung wieder. Wir hatten zwar bereits die Wahlzettel und sogar eine Urne vorbereitet, aber das Wahlergebnis war uns schließlich egal. Wir gaben das Spiel einige Tage vor dem geplanten Wahlgang auf.

***

Ich habe noch genau die für Haroun Tazieff so charakteristische Modulation und seinen Akzent im Ohr. Mama hörte im Radio seine Dokumentationsreihe über die Vulkane der Erde. Zunächst einmal mochte ich seine Stimme. Ich verstand nicht alles, aber seine liebevolle, lebendige Weise, von Vulkanen zu erzählen, ließ sie in meinen Augen zu Figuren eines märchenhaften Epos werden, das uns der Vulkanologe geduldig erzählte.

So brach der Vulkan mittels unseres Radios über mein Leben herein.

Als die Dokumentationsreihe zu Ende ging, war ich ein bisschen traurig, doch kurz darauf hielten einige atemberaubend illustrierte Bücher bei uns Einzug: *20 ans sur les volcans du globe* (20 Jahre unter den Vulkanen der Erde) von Haroun Tazieff. Jetzt lernte ich auch sein Gesicht kennen. Ich studierte alle Abbildungen, und auf meine Bitte hin las Mama mir die Legenden unter den Bildern sowie einige Passagen des Textes vor, bis ich sie auswendig konnte. Wenn Delphine oder Nicole da waren, bat ich sie, mir vorzulesen. Zum ersten Mal machte ich die Erfahrung, dass die Stimme eines Autors hinter der des Vorlesers durchklingen kann.

Die Fotografien der frischen, qualmenden Schwefelklumpen faszinierten mich sehr viel mehr als die der Lavaströme; die verwüsteten

Landschaften nach einem Ausbruch berührten mich tiefer als die rosafarbenen Rauchspiralen. Aber am eindruckvollsten fand ich die kleinen silberfarbenen Gestalten, die in ihren Asbestanzügen wie Kosmonauten wirkten und sich, auf diese Weise geschützt, entschlossen dem brodelnden Krater näherten.

Ich habe wohl keine der regelmäßigen Radio- und Fernsehsendungen mit Haroun Tazieff versäumt.

***

Etwas später wurde eine weitere Person über das Radio zu einem regelmäßigen Gast bei uns: Hubert Reeves. Auch seine Stimme und sein Akzent waren sehr charakteristisch. Er erzählte von den Sternen, und ich erhob mich in die Lüfte. Die Phänomene, die er beschrieb, kamen mir gar nicht so fremd vor, auch wenn ich nicht alles verstand. Ich prägte mir die herrlichen Namen der exotischen Protagonisten ein, die mein neuer Freund vorstellte: Supernova, Galaxis, Nebel, Universum, interstellarer Raum, Magnetfeld, Lichtjahr, Neptun, Uranus ...

Seit dieser Zeit ist die Astronomie ein bevorzugtes Reiseziel meiner Gedanken.

Wie immer kamen mit dem neuen Thema auch die entsprechenden schönen Bücher ins Haus. Ich ging sie alle durch und war vor allem begierig auf die Bilder, in die ich mich unendlich vertiefte. Bei uns legte niemand fest, ab welchem Alter und wie lange man sich mit einem bestimmten Thema beschäftigen durfte.

Als ich älter wurde, las ich die Bücher ein ums andere Mal, damit ich die beschriebenen Phänomene begriff. Der Mensch, der Astronom und vor allem der Astronaut, stand auch hier im Mittelpunkt meines Interesses – und natürlich seine Maschinen: Raketen, Raumfähren, Satelliten, Raumstationen oder Mondfähren, die die unerschrockene menschliche Präsenz in der Einsamkeit des Kosmos verkörperten.

Bei einem Freund durfte ich durch ein Teleskop blicken und konnte den Mond sowie die Ringe des Saturn betrachten. Das war ein tief bewegendes Erlebnis.

Bei einem Abendessen mit meinen Eltern lernte ich Hubert Reeves persönlich kennen. Aber diese Begegnung brachte mir nicht viel, wahrscheinlich, weil der bedeutende Mann sich nicht auf Gespräche mit einem so kleinen Kind einließ.

Nichtsdestoweniger hatte ich mir über die Lektüre zahlreicher Bücher und Berichte unterschiedlicher Art, über unzählige Filme sowie die regelmäßigen Besuche des *Palais de la Découverte* (Museum für Naturwissenschaften) ein geduldiges Standbein in der Astronomie geschaffen, das bis heute meine bewundernden Betrachtungen des erhabenen Weltalls trägt. Ich bin glücklich und fühle mich geehrt, einen Teil von dessen Gesetzmäßigkeiten zu kennen. Die Akteure im All, deren Bekanntschaft ich durch Hubert Reeves gemacht habe, sind meine Freunde geworden.

# Gitarre, Musik, Instrumentenbau und Theater

*Antonio Fenoy*

Dies ist meine zweitälteste Erinnerung; ich muss drei Jahre alt gewesen sein: Ich presse mein Ohr auf den Boden, auf dem ich immer spiele, und vernehme durch das Mauerwerk Gitarrenklänge aus der Galerie meines Vaters, die sich direkt unter der Wohnung befindet. Mein Cousin Olivier erhält dort Gitarrenunterricht. Manchmal mischen sich seine und die Stimme des Lehrers unter die Klänge. Sie beginnen zu spielen, setzen neu an, schneller oder langsamer, manchmal eine Gitarrenstimme, manchmal zwei.

Ich verharre regungslos, damit meine Ohrmuschel am Boden kein Geräusch macht, das die gedämpfte, bezaubernde Musik übertönt hätte. Mit der Kindern eigenen kristallklaren Konzentration lausche ich der langen Folge logisch aufgebauter Melodien.

Über die Zeiträume zwischen den einzelnen Unterrichtsstunden täuscht mich mein Gedächtnis: Mir scheint es, als dauerten die Einheiten stundenlang und fanden täglich statt, dabei besteht der Unterricht aus einer Stunde pro Woche.

Ein Jahr später schenken mir Papa und Mama meine erste Gitarre. Es ist eine japanische Dreiviertel-Gitarre, die immer noch viel zu groß für mich ist. Als wäre es gestern gewesen, habe ich noch das Bild vor Augen, wie Papa mir das Instrument überreicht: Ich sitze in unserem Wohnzimmer auf dem Boden und Papa gibt mir die Gitarre, direkt, ohne Hülle, ohne Verpackung. Ich greife danach, beginne ihr Töne zu entlocken, an die ich mich heute nicht mehr erinnere. Meine Eltern sehen mir mit geneigtem Kopf schweigend zu, und dann sagt Mama: Er hält sie schon ganz richtig.

Mit dieser Gitarre, die mir bis zum Kinn reicht, beginne ich Unterricht zu nehmen – ebenfalls bei dem Gitarrenlehrer meines Cousins: Antonio Fenoy ist ein alter Südspanier und ehemaliger Profiboxer, der immer auf einer Zigarre herumkaut. Die Karriere als Boxer hat er an dem Tag an den Nagel gehängt, als sein Gegner im Kampf das Augenlicht verlor. Manchmal erzählt er von einem Typ, den er in jungen Jahren gekannt hat, Marcel Cerdan. Fenoy war mit seinen Eltern vor dem Franco-Regime nach Frankreich geflohen und gelangte auf mir unbekannten Umwegen zur Flamenco-Gitarre. Ich erinnere mich daran, dass er regelmäßig als zweiter Gitarrist die zu jener Zeit recht beliebte Tänzerin La Joselito begleitet. Er zeigt mir die Fotos, auf denen er gemeinsam mit Pedro Soler bei ihren Auftritten spielt.

Gut zehn Jahre lang habe ich bei ihm Flamenco-Gitarre gelernt, und ihm verdanke ich die Grundlagen meines Gitarrenspiels.

Er nennt mich liebevoll *flaquillo* (schmächtiges Kerlchen) und schenkt mir von Zeit zu Zeit die abgelegte Gitarre eines anderen Schülers. Aber seine letztlich doch rudimentären Gitarrenkenntnisse, die manchmal falschen Erklärungen zu den Techniken sowie seine Weitschweifigkeit mit zunehmendem Alter führen dazu, dass ich nach und nach meine Motivation verliere.

Ich erlebe zwei oder drei sehr eifrige Phasen und weiß noch, dass ich einmal wie besessen ein Stück übe, um es auswendig spielen zu können, weil ich gerade erst verstanden habe, wie es *funktioniert* und wie man eine Gitarrentabulatur benutzt. Dieser Übergang vom Entziffern zur Melodie, die sich von ganz allein zusammenfügt und in die Finger fließt, begeistert mich. Ich genieße die Entdeckung dieses Vorganges, der alles andere als eine Pflichtübung ist.

Ich erinnere mich an Fenoys ehrliche Überraschung und ansteckende Freude, als ich ihm in der nächsten Stunde das Stück vorspiele.

Eine weitere Phase des Lerneifers löst eine neue Gitarre aus. Ich bin zehn Jahre alt. Fenoy spricht schon seit Langem von einem La-

den in der Rue du Château, in dem ich für 500 Francs eine gute Gitarre finden könne, denn meine hat sich längst überlebt. Als ich damals darüber nachdenke, erscheinen mir die Werte als unproportioniert: Für ein kleines Stückchen Papier mit der Aufschrift 500 erhält man ein schönes Instrument. Ich hoffe, dass auch meinen Eltern sofort ins Auge fallen würde, wie verblüffend vorteilhaft dieser Tauschhandel ist. Nun, ganz so sehen sie es nicht: 500 Francs sind für die damalige Zeit eine stattliche Summe, insbesondere angesichts der Mittel, die uns zur Verfügung stehen.

Als wir einmal zufällig an dem bewussten Laden vorbeikommen, gehen wir hinein. Der Verkäufer lässt mich eine Gitarre ausprobieren, die mir sehr gut gefällt. Aber dabei bleibt es. Die Gitarre ist eine Contreras und kostet 490 Francs, ich erinnere mich genau.

Einige Tage später (in unserer Familie liebt man Überraschungen) kehrt Papa mit meinem Großvater François vom Einkaufen zurück und schlägt mir vor, diesem ein Stück auf der Gitarre vorzuspielen. Da meiner Gitarre eine Saite fehlt, erkläre ich, man könne mit ihr nicht spielen. Doch Papa lässt nicht locker und sagt, dass eine fehlende Saite einen großen Gitarristen nicht am Spielen hindern könne. Das packt mich bei meiner Ehre, und ich hole mein Instrument – doch anstelle der alten Gitarre finde ich die schöne, große Contreras vor, die ich zuvor ausprobiert habe. Das ist eine der schönsten Überraschungen meiner Kindheit.

Eine Woche lang verbringe ich die meiste Zeit mit dem Spiel auf der neuen Gitarre. Ich bin so versessen darauf, dass ich manchmal das Bedürfnis verspüre, sie zu holen, obwohl ich bereits dabei bin, darauf

zu spielen! Diese befremdend irrationalen Gefühle ordne ich als Zeichen meiner Begeisterung ein.

Doch irgendwann werden die Unterrichtsstunden zur bloßen Routine und verlieren endgültig ihre Anziehungskraft. Ich besuche sie nur noch aus Freundschaft zu Fenoy. Wir treten auf der Stelle. Eines Tages erscheint er nicht, und wir machen uns Sorgen, weil das nicht seiner Art entspricht. Am nächsten Tag ruft er Mama an. Seine Stimme ist nicht wiederzuerkennen, als er ihr erklärt, dass er wegen einer Erkrankung im Rachen ins Krankenhaus müsse. Er kehrt nicht zurück und stirbt wenige Tage später.

So geht das erste Kapitel Gitarrenspiel zu Ende, denn von da an rühre ich mein Instrument kaum noch an.

## *Musik*

Musik gehört von jeher zu meinem Leben.

Als ich noch ganz klein bin, liege ich abends im Bett und lausche im Dunkeln der Musik, die meine Eltern hören.

Schon von klein auf bin ich nicht nur mit den großen Werken der klassischen Musik vertraut.

Brahms, Dvořák, Schubert sind wie enge Freunde, die regelmäßig zu Gast sind. Sie gehören für mich zu meiner natürlichen Umgebung; man spricht von ihnen mit derselben Selbstverständlichkeit wie von den Großeltern – und stets mit großem Respekt.

Für mich ist es natürlich, dass diese bedeutenden Männer von einst, deren Gesicht ich von einigen Schallplattenhüllen her kenne, Werke komponiert haben, die heute von anderen gespielt und von meinen Eltern gehört werden, Melodien, die ich wiedererkennen und singen kann.

Abgesehen von der wöchentlichen Unterrichtsstunde bei Fenoy (wohl meine erste Erfahrung mit dem Prinzip der wöchentlichen Unterrichtsstunden, das später selbstverständlich für mich wird) wird bei uns nicht selbst musiziert.

Zwar ist ein Leben ohne Musik für Mama und Papa unvorstellbar, doch spielen sie kein Instrument.

Während meiner frühen Kindheit halten keine klassischen Musikinstrumente bei uns Einzug. Ich weiß allerdings noch, dass mir meine Mutter einmal eine kleine Harmonika überlässt, die sie in ihren Sachen fand. Ich erforsche die Möglichkeiten, darauf zu spielen, mit Interesse; für einige Tage ist das Instrument mein Lieblingsgegenstand, und dann lege ich es wieder beiseite. Außerdem erinnere ich mich an eine Pfeife aus gedrechseltem Buchsbaumholz, an zwei kleine Zimbeln mit grünen Kordeln, an eine Art Glockenbaum aus weißem Plastik, an dessen sieben Zweigen sieben Glöckchen baumeln, auf die man mit einem kleinen Schlägel schlägt; dann gibt es da noch ein etwas heiseres Xylophon und eine ziemlich große Zither aus braunem Holz, die Papa mit einem kleinen Schlüssel stimmt. Interessanterweise hat Papa das wahrscheinlich überhaupt nur einmal im Leben gemacht: Er sang eine Note und drehte so lange an dem Schlüssel, bis der Klang der Stahlsaite damit übereinstimmte.

An demselben oder dem folgenden Tag erklärt er mir beiläufig, während wir auf dem Markt sind, das Prinzip der Tonleiter, deren sieben Töne er mir vorsingt: do – re – mi – fa – so – la – si ... Das geht mir sofort in Fleisch und Blut über. Der Name, das Intervall und die Folge der Noten prägen sich mir unauslöschlich ein.

Indem Papa die obige Tonfolge noch um ein zweites »do« ergänzt, vermittelt er mir den Begriff der Oktave. Weitere Erklärungen folgen nicht, und Papa verfolgt auch kein pädagogisches Ziel damit. Heute weiß ich, dass er gar nicht viel mehr über Musiktheorie weiß. Und er sprach mit mir nicht über die Tonleiter, um mein Interesse zu wecken. Es handelte sich einfach um eine kleine Plauderei, aus der sich mir aber, fast zufällig, eine essenzielle Kenntnis erschloss.

Ebenso verhält es sich mit der Tatsache, dass ein klassisches Werk im Allgemeinen aus mehreren Sätzen besteht: Niemand erklärte mir, was ein Satz ist, dieses Wissen gehört schlicht zu der Fülle an – wie ich sie nenne – impliziten Kenntnissen, die man im Elternhaus mit einatmet.

Wir erhalten nie eines dieser Musikinstrumente für Kinder: Damit meine ich diesen Plunder in schreienden Farben, der »eigens für die ungeschickten kleinen Finger entwickelt wurde«, diese karikaturhaften, mehr oder weniger automatisierten Nachbildungen, die ein Kind in der Rolle des Einfaltspinsels gefangen halten, das nicht in der Lage ist, ein echtes Instrument zu erkennen und zu benutzen.

Wenn wir meinen Onkel und meine Tante in ihrem Haus in Etampes besuchen, ist das immer ein Fest, denn dort dürfen wir auf dem Klavier spielen, das im Zimmer meiner Cousine thront. In unserem durch nichts gestörten, natürlichen kindlichen Feingefühl haben wir niemals das Instrument oder die Nachbarn mit ohrenbetäubendem, chaotischem Krach malträtiert.

Ganz im Gegenteil: Ich erinnere mich an langsame Wanderungen durch die Klänge, Taste für Taste, bei denen mir Konsonanzen und Dissonanzen bewusst werden sowie die Notwendigkeit, bestimmte Schemata zu respektieren, um Harmonie zu erzeugen. Manchmal benutze ich einen Kassettenrekorder. Das Gerät fasziniert mich, und ich bin stolz, dass ich weiß, wie es funktioniert. Mit großem Ernst nehme ich endlose Improvisationen auf, die ich kommentiere, wobei ich den Tonfall eines Radiosprechers imitiere. Man lässt mich gewähren und äußert sich über mein Spiel weder mit abfälligen noch mit anspornenden Bemerkungen.

Eines Tages lädt mich Jacques Greys, der Jugendfreund meines Vaters und ein begnadeter Pianist und Pädagoge, ein, einige Tage bei ihm in Montbéliard zu verbringen. Es ist eine der allerersten Reisen, die ich ohne meine Eltern unternehme. Ich sehe noch die unzähligen Instrumente vor mir, die ich in seinem Musikzimmer mit Interesse betrachte. Während er spielt, lausche ich und beobachte vor allem das mechanische Zusammenwirken der Bewegungen seiner Finger und der Tasten.

Jacques, der 20 Jahre später auch für mich einer der engsten Freunde werden sollte, hat gerade eine neuartige Musikpädagogik und die aufsehenerregende Notenschrift *La Musique en clair* entwickelt, die so verständlich ist wie eine Tabulatur.

Das Klavierspiel ohne Jacques und nach einer anderen Methode als der seinen zu erlernen kommt für uns nicht infrage. Da Montbéliard zu weit von Paris entfernt liegt, schlummert das Vorhaben vor sich hin, bis zwei seiner Schülerinnen, Monique und Christine, in Paris eine Musikschule eröffnen, in der nach seiner Methode verschiedene Instrumente unterrichtet werden.

Einige Wochen lang beherrschen Blockflöte, Glockenspiel, Psalterium, Triangel und andere Instrumente unser Zuhause. Jacques kommt nach Paris, um zwei Kurse zu geben, an denen auch ich teilnehme. Aber die Musik ist damals noch ein Interessengebiet neben vielen anderen. Auch die Kurzlebigkeit mancher Interessen schließt jedoch nicht aus, dass sie zu ihrer Zeit mit großem Ernst betrieben werden.

Ab und zu gehen Papa und Mama zu einem Konzert, und es versteht sich von selbst, dass sie uns Kinder mitnehmen.

Ich weiß noch, dass ich – als wir wirklich noch sehr klein waren – im Konzert konzentriert die Finger der Musiker, die Bogenführung, die verschiedenen Zusammenhänge zwischen Gestik und Klang beob-

achtete. So vertiefe ich mich mehr in die Art und Weise, wie die Musik erzeugt wird, als dass ich auf ihren Klang höre.

Wir sind nie unruhig oder störend für die anderen Zuhörer. Die Stille sowie die respektvolle Haltung des Publikums und unserer Eltern geben den Ton für unser eigenes Verhalten vor. Wenn man Kinder nicht in die Rolle presst, die man ihnen in unserer westlichen Welt zuweist, bewahren sie sich ihr ursprüngliches Feingefühl.

Einmal, als wir gerade dabei sind, unsere Plätze einzunehmen, hören wir eine alte Dame mit einem finsteren Blick auf uns vor sich hinmurmeln: »Das kann ja heiter werden ...« Direkt neben ihr sitzt Eléonore, die damals wohl kaum vier Jahre alt ist. Nachdem meine kleine Schwester ohne zu murren dem ersten Teil des Konzerts beigewohnt hat, verlangt sie in der Pause einen anderen Sitzplatz, weil sie nicht der Musik lauschen könne, wenn sich die Dame fortwährend mit ihrem Programm Luft zufächele.

Manchmal nach einem Konzertbesuch spiele ich, ein Konzert zu geben: Nicht, dass ich musiziere; es geht darum, das Zeremoniell nachzuahmen, in das ein Konzert eingebettet ist – eine weitere implizite Kenntnis, die durch bloßes Beobachten gewonnen wurde. Ich nehme dafür meine Gitarre zur Hand und tue so, als gäbe ich ein Konzert; oder ich baue aus Schachteln, Pappröhren und sonstigen Materialien, die mich inspirieren, ein Instrument, wobei es mich keineswegs stört, dass es stumm bleibt.

Ungefähr bis zum Alter von 15 Jahren ist die Musik auf eine Art zwar fester Bestandteil meines Lebens, doch ich setze mich nie eigens hin und lege mir eine Platte auf. Ich finde es zwar unterhaltsam oder beeindruckend, manche Werke zu hören, sie wiederzuerkennen oder mir vorzustellen, wie sie gespielt werden, aber ich empfinde keine wirklichen Emotionen dabei, allenfalls eine gewisse Sehnsucht bei einer bestimmten Tonalität.

Das Gitarrenspiel erscheint mir eher wie eine Geschicklichkeitsübung; das Stimmen meines Instruments ist für mich nicht bemerkenswerter als das Zusammensetzen der Schienen meiner elektrischen Eisenbahn.

Ich bin also ungefähr 15 Jahre alt, als ich für einen Monat zu meinem großen Bruder Bertrand reise, der in der Nähe von Köln lebt. Damals teilt er sich ein Haus mit dem Trio, dessen Agent er ist.

Seit einigen Tagen dringt aus dem darunterliegenden Stockwerk gedämpft die Musik der drei gewissenhaft probenden Instrumentalisten zu mir nach oben.

Als mein Bruder mich auf der Treppe sitzen sieht, weil ich hoffe, dort die Musik hinter der Holztür besser hören zu können, ermutigt er mich hineinzugehen: »Geh schon, sie werden sich freuen, wenn du ihnen zuhörst.«

In einem Moment der Stille stehle ich mich also in den Raum; die Musiker diskutieren. Ich setze mich, sie lächeln mir zu und beginnen wieder zu spielen.

Erster Satz des Trios op. 65 von Dvořák.

Von den ersten Klängen an werde ich von Gefühlen gepackt. Es ist, als risse mich eine Welle mit sich fort, als drehte ich mich in einem schwindelerregenden Strudel. Es ist ein Schock, eine Offenbarung, eine Erschütterung. Zum ersten Mal in meinem Leben trifft mich eine Musik im Innersten, dringt bis zu meinem Herzen vor, ergreift es und erstickt mich beinahe. Es stehen nicht mehr die Gesten der Musiker für mich im Mittelpunkt, sondern die unmittelbar entstehenden Bilder, die Materialisation der Klänge, die mich aufwühlen, erschüttern und im Fluss der Gefühle von einem Ufer ans andere werfen. Es war wie eine Sprache, deren Klänge ich immer schon vernommen habe, ohne sie zu entschlüsseln, und die ich nun zum ersten Mal in all ihrer Pracht erfasse.

Ich kann nicht sagen, ob ich es bin, der von diesem Tag an die Musik auffrisst, oder ob es die Musik ist, die mich auffrisst.

Zurück in Paris stürze ich mich auf unsere Plattensammlung. Das Möbelstück mit den Hunderten von dicht geordneten Schallplatten, als das ich es bisher wahrgenommen habe, erscheint mir mit einem Mal wie eine Goldmine. Ich suche nach dem Trio op. 65 von Dvořák und höre es mehrmals; es ist bewegend, die Musik wieder zu hören, jedes Mal neue beglückende Nuancen zu entdecken, was mir zeigt, dass sie sich wohl nicht alle beim ersten Hören offenbaren.

Ich habe ein wenig Angst davor, Dvořák hinter mir zu lassen, zu anderer Musik überzugehen und dort diese Gefühle vielleicht nicht mehr zu erleben. Aber da ich das Werk auch nicht »abnutzen« will, höre ich gemeinsam mit Papa – der ebenso erstaunt wie erfreut ist, in mir einen neuen Musikliebhaber zu finden, mit dem er seine Leidenschaft teilen kann – weitere Werke von Dvořák, vor allem die der amerikanischen Periode. Und wieder – nach mehrmaligem Zuhören – werde ich in eine andere Welt entführt, eine Welt, die mich aufwühlt und aufblühen lässt.

Nun kommt der übliche Prozess in Gang: Ich höre nach und nach alle Werke von Dvořák. Und wieder lese ich mehrere Biografien über ihn, informiere mich über sein geliebtes Heimatland, seine Inspirationen, seinen Platz in der Musikgeschichte, seinen Stil, seine Gewohnheiten und studiere alle Fotografien, die ich finden kann. Von jedem Werk höre ich mehrere Interpretationen und klassifiziere sie nach meinem Geschmack. Papa kümmert sich bei seinen regelmäßigen Besuchen in unserem angestammten Schallplattenladen um den Nachschub an verschiedenen Versionen und verkannten Werken. Bald beginne ich ihn zu begleiten und entdecke eine neue Beschäftigung, die Glücksmomente und Überraschungen für mich bereithält: das Durchsehen der Kästen mit den Schallplatten, Reihe um Reihe. Manche Alben ziehe ich heraus, diskutiere mit Papa darüber, wir tauschen unsere Meinungen aus, entscheiden uns schließlich für diese oder jene Version und tragen mit einem Triumphgefühl den Neuerwerb nach Hause. Ich muss niemals die Opusnummer oder den Titel eines Werks auswendig lernen, sie prägen sich mir ganz automatisch ein, ebenso wie ihre Chronologie. Ich verstehe über die Beschäftigung mit den Werken, wieso man einen Lieblingsinterpreten oder -dirigenten, ein bevorzugtes Ensemble hat, was es bedeutet, die Interpretationen des *Concertgebouw Orchestra* oder des *Alban Berg Quartetts* allen anderen vorzuziehen ...

Das Interesse an Dvořák führt mich auf direktem Weg zu Brahms, den ich mir parallel dazu auf die gleiche Weise einverleibe. Und bewegt von einem jener Themen, die ich irgendwann einmal höre, die sich einprägen, unvermittelt wieder in mir auftauchen und mich wochenlang buchstäblich verfolgen, gelange ich schließlich zu Schubert.

Papa und ich beginnen mit einem Spiel, das wir noch heute betreiben: Wir schalten das Radio an, lauschen einigen Tönen und versuchen dann zu erraten, um welchen Komponisten und welches Werk es sich handelt. Es gibt Zeiten, da gelingt es mir sogar, den Interpreten oder das Orchester auszumachen.

Im Laufe der Monate und über die Lektüre zahlreicher Biografien und musikgeschichtlicher Werke entdecke ich meine Leidenschaft für weitere Komponisten, die sich zu denen gesellen, die ich bereits täglich höre: Mendelssohn, Schumann und auch César Franck. Auf Letzteren werde ich über ein Streichquartett aus einem wunderbaren Film von Percy Adlon aufmerksam, der Proust zum Thema hat und mir deshalb nicht entgehen konnte – was wieder einmal zeigt, wie sich die einzelnen Interessenfelder miteinander verknüpfen.

Und schließlich begegne ich dem Wunder Beethoven.

Beim Lesen der Biografien, Briefe und Schriften wird mir bewusst, dass er in meinen Augen den vollkommenen Archetypus des Künstlers darstellt. Ich bin überzeugt, dass es vor Beethoven – und wahrscheinlich auch nach ihm – auf keinem Gebiet einen Künstler gab, der ihm an Bedeutung ebenbürtig ist, dass kein menschliches Werk seinen Urheber jemals der höchsten Bestimmung des Menschen so nahe gebracht hat.

Die Musik wird zu meiner einzigen Beschäftigung, bewohnt meine Gedanken, brodelt in mir. Die ungewöhnlichen Klänge mancher Werke von Debussy, Chausson oder Brahms gären und vibrieren in meinen Zellen. Weder tags noch nachts finde ich eine innere Stille.

Da ich Herr meiner Zeit bin, kann ich bis zu sechs Stunden am Tag Musik hören und mehrere Biografien parallel lesen. Bei uns wird Musik nicht als Zeitvertreib angesehen, sondern als grundlegende Arbeit, und so lenkt man mich nicht ab.

***

Irgendwann beginne ich stillschweigend, mich mit Musiktheorie zu befassen. Insgeheim hoffe ich, eines Tages selbst zu komponieren. Meine Versuche, die Gitarre wieder zur Hand zu nehmen, um darauf eigene Kompositionen zu kreieren, schlagen fehl: Es klingt hässlich, ungeschickt und naiv. Die Stücke, an die ich mich noch erinnere, sind nichtssagend und entsprechen so gar nicht der musikalischen Bildung, die ich mir mittlerweile angeeignet habe.

Wie so oft bediene ich mich auch für die Beschäftigung mit der Musiktheorie der unterschiedlichsten – manchmal ungewöhnlichen – Mittel. Eine erste wertvolle Quelle ist erneut Mamas *Larousse.* Indem ich von Begriff zu Begriff springe und seine trockenen, stringenten Informationen durchforste, gewinne ich schließlich einen ersten stimmigen Überblick. Ein kleines Büchlein von Assimil, das zwar insgesamt eher schlecht gemacht ist, hilft mir dennoch weiter, als ich es ganz auspresse.

Beharrlich suche ich in alle Richtungen, klaube Informationen zusammen und lese denselben Absatz auch zum hundertsten Mal, wenn nötig.

Zur Übung erfinde ich ein Spiel, mein ganz persönliches Lernmittel: Ich schreibe die Notennamen von drei vollständigen Tonleitern auf kleine Karten, mische sie gut durch, ziehe nacheinander die Karten und trage die entsprechenden Noten in ein sorgfältig gezeichnetes Liniensystem ein. Ich spiele dies wie ein Gesellschaftsspiel, einmal mit einer G-Tonleiter, einmal mit einer F-Tonleiter, und bemühe mich, immer schneller zu werden; bald tritt der gewünschte Effekt ein, und ich fühle mich sicher.

Manche sehr spröden musiktheoretischen Texte lassen mich vollkommen kalt und ich greife nur die eine oder andere Information heraus. Offenbar passen mir andere Quellen besser, um zu lernen. Hilfreich sind beispielsweise manche Sätze, auf die ich zufällig beim Lesen der Biografien stoße: »Anlässlich der Aufnahmeprüfung gelang César Franck die Glanzleistung, das geforderte Musikstück nicht nur zu spielen, sondern während des Spiels direkt um eine Terz zu versetzen ...« Also mache ich mich daran, herauszufinden, worin nun diese Glanzleistung besteht, und lerne während dieser Suche allerlei neue Begriffe, wenn auch nicht in der Reihenfolge, wie sie eine bestimmte Lernmethode vorsehen würde.

Ein weiteres Beispiel: Als ich in einem Werk zur Musikgeschichte lese, dass Bach als der Erfinder der wohltemperierten Stimmung gilt, nehme ich dies nicht einfach als historische Tatsache hin, die es abzuspeichern gilt, sondern als Ausgangspunkt für die Erschließung eines neuen Wissensgebiets: die Funktionsweise, die Bedeutung und die Grenzen der Temperierung. Ich gewinne dabei einen immensen Respekt für Bach, der viel persönlicher ist als angesichts der in einem Band zur Musikgeschichte ausgeführten kalten Tatsachen. Stück für Stück fügt sich ein großes Puzzle zusammen, und selbst wenn hier und da einige Teile oder ganze Bereiche fehlen, ist das Gesamtbild stimmig und klar erkennbar: Ich verschaffe mir einen immer besseren Überblick.

Mein Wissen zur Musiktheorie ist noch immer im Aufbau begriffen, es ist lebendig, gewinnt fortwährend an Klarheit, und in seinem Mittelpunkt steht meine Arbeit. Es wird beeinflusst von Begegnungen, den Marotten oder ansteckenden Leidenschaften anderer Musiker, doch vor allem von der Art und Weise, wie ich davon Gebrauch mache. Mit der Zeit haben sich die Kenntnisse sortiert und viel von dem Wissen, das ich über Bücher errungen habe, schlummert friedlich irgendwo in mir –, wahrscheinlich jederzeit bereit, an die Oberfläche zu treten, falls ich es benötige.

## *Gitarrenspiel*

Eines Tages reagiert Papa schnell genug, um ein Musikstück aufzunehmen, das im Radio gespielt wird. Ein Flamenco-Gitarrist spielt eine schillernde Soléa.

Ich höre sie mir gebannt mehrere Male an. Zwei Dinge bemerke ich dabei gleichzeitig: Dass mich der Flamenco, der ja durch Fenoy sozusagen meine musikalische Muttersprache ist, ebenso berühren kann wie die klassische Musik, und dass mein Instrument, die Gitarre, auch eine sinfonische Dimension erreichen kann. Genau das hatte ich bis dahin schmerzlich vermisst.

Die Aufnahme ist nicht vollständig, aber mithilfe eines gewissen musikkulturellen Hintergrundwissens, das mir Fenoy vermittelt hatte, gelingt es mir, das Stück Ton für Ton nachzuspielen, indem ich es in einzelnen Sequenzen von fünf bis sechs Noten höre, zurückspule und hundertmal dieselben Zentimeter Kassettenband abhöre, mitsinge, den nächsten Ton suche und mir allmählich die einzelnen Klangperlen dieser exponentiell wachsenden Kette einpräge. Da sich das Ganze noch zur Zeit der guten alten Audiokassette abspielt, habe ich ständig Angst, das Band könnte sich abnutzen oder reißen.

Ich lerne den Anfang des Stückes auswendig, aber über die erste Minute komme ich nicht hinaus. Es gelingt mir nicht, weiter nachzuspielen, was ich höre. Obwohl diese intensive Übung meine Fähigkeiten, aus dem Gehörten die Spielweise abzuleiten, sehr verfeinert hat, gelingt es mir dennoch nicht, die einzelnen Töne der Polyfonie herauszuhören oder festzustellen, mit welcher Technik dieser geniale Gitarrist gewisse Wirkungen erzielt. Meine verkrampft an den Gitarrenhals geklammerte linke Hand, die muskuläre Grimasse meiner schlecht platzierten Finger, die Fehlhaltung meines unkomfortabel in meine Rippen gekeilten Ellbogens und der von jeher ungenutzt herumwackelnde kleine Finger – all das verursacht mir Krämpfe und Schmerzen, die mich daran hindern, weiterzumachen. Seltsamerweise entmutigt mich das nicht. Ich beschließe zunächst einmal, gegen meine schlechte Angewohnheit, den kleinen Finger der linken Hand zu vernachlässigen, anzugehen. Zu diesem Zweck ersinne ich einige Übungen, wobei ich weiß, dass deren Erfolg von den täglichen Wiederholungen abhängt. Dieses Prinzip, das sehr gut zu mir passt, hatte sich mir einmal bei der Lektüre des folgenden Satzes erhellt: »Steter Tropfen höhlt den Stein; ein Eimer Wasser von Zeit zu Zeit hat nicht die gleiche Wirkung.«

Papa bringt kurz darauf eine ganz neue Schallplatte nach Hause. Auf der weißen Hülle prangen das Foto eines Gitarristen und sein Name in Großbuchstaben: Ramón Montoya.

Er ist es! Schon nach den ersten Klängen erkenne ich die Soléa, den Gitarristen, die Aufnahme und sogar das Knacken der alten Schallplatte wieder.

Nun entdecke ich das Stück von Anfang bis Ende und darüber hinaus alle weiteren Stücke auf der Platte und die Biografie des Gitarristen. Ich beginne die Besonderheiten seines Spiels in mich aufzunehmen – aber vor allem betrachte ich eingehend das Bild auf der Plattenhülle. Montoya hatte eine verblüffende Art, seine Gitarre zu halten: Er hält sie nicht horizontal, wie ich von jeher tue, sondern in typischer Flamenco-Manier.

Anders als bei meiner Position hat der linke Ellbogen Freiraum, man kann mit geradem Rücken sitzen und muss die Schultern nicht verdrehen, doch vor allem können Hände und Handgelenke eine ganz natürliche, ebenso entspannte wie wirkungsvolle Haltung einnehmen.

Als ich dies zum ersten Mal ausprobiere, erahne ich neue Möglichkeiten. Nach den ersten beherzten Stunden fühlt es sich nicht mehr ungewohnt an und beim Spielen erweist sich der erste Eindruck als richtig: Verschlossene Türen gehen auf, die Schmerzen verfliegen, bislang für mich unerreichbare Techniken rücken nun in den Bereich des Möglichen.

Mein tägliches Pensum steigert sich noch: Zum einen erarbeite ich mir beharrlich Note um Note der Soléa von Montoya (Freunde, die mich in jenem Sommer auf die Insel Sark mitnahmen, um dort die Ferien zu verbringen, erinnern sich noch mit Grauen daran, dass ich unablässig immer wieder dieselbe Tonfolge hörte und übte). Zum anderen erweitere ich mein »Programm für den kleinen Finger« nach und nach um weitere Übungen, wenn sich technische Schwierigkeiten ergeben. Jedes Mal, wenn ich mit etwas konfrontiert werde, womit ich nicht zurechtkomme oder was mir zuwider ist, erfinde ich eine geeignete Übung, die ich den vorhergehenden hinzufüge, sodass sie sich in mein Alltagsprogramm integriert. Auf diese Weise entsteht ein immer präziseres Übungsprogramm. Da ich durch den Tanz von jeher an ein Training mit festen Übungsfolgen gewöhnt bin, empfinde ich es als ganz schlüssig und natürlich. Ich achte darauf, die Übungen so anzuordnen, dass sich ihr Schwierigkeitsgrad in der Abfolge nach und nach steigert, damit sich meine Muskeln und Gelenke langsam aufwärmen können. Die unzähligen Tanzstunden haben mich gelehrt, die physiologische Logik von Bewegungen und Belastungen zu respektieren, um schädliche Überlastungen zu vermeiden.

Mein mittlerweile veröffentlichter Übungskanon, den ich stetig weiterentwickle und verfeinere, ist bis heute die tägliche Grundlage meiner Arbeit mit der Gitarre.

Als ich mit Montoyas Soléa ausreichend vertraut bin, beginne ich einige andere Stücke von der Schallplatte zu erlernen. Wieder ist es ein beharrliches, einsames Arbeiten, doch es fällt mir immer leichter. Abends spiele ich Papa das Stück in seinem jeweiligen Zustand vor. Es macht mich glücklich zu erleben, wie unter meinen Fingern das entsteht, was ich auf der Schallplatte so gerne höre.

Als Papa ein Album von Román el Granaíno nach Hause bringt, stellt sich das als üppige Ernte heraus; sein klares und gesetztes Spiel macht aus ihm einen idealen Lehrmeister. Ich beginne mit eigenen Interpretationen, für die ich einen Cocktail aus den Vorlieben verschiedener Gitarristen und meinen eigenen mixe. Auf diese Weise erarbeite ich mir im Laufe der Jahre ein umfangreiches Repertoire.

Zunächst genügen mir die kreativen Möglichkeiten, die die präzisen Strukturen des Flamencos bieten. Doch sobald ich mich auf das Gebiet der freien musikalischen Schöpfung begebe, herrscht nach wie vor große Leere.

Währenddessen verfeinert sich meine Technik. Ich entdecke, dass sich manche Stücke, die ich einstudiert habe, auch anders spielen lassen. Und ich entdecke das seltsame Prinzip, dass ein höheres technisches Niveau es einem ermöglicht, sich den Dingen auf einfacheren Wegen zu nähern.

Ich arbeite hauptsächlich nach Gehör, aber studiere auch genau alle Fotos und Dokumente, die mir in die Hände fallen: Auf einer Plattenhülle hat der Gitarrist einen überlangen Daumennagel, auf einer anderen entdeckte ich eine Bewegung, die mir noch fehlt ... Ich gehe allen Anregungen nach, experimentiere mit verschiedenen Nagellängen, übernehme manche Nuancen, verwerfe andere wieder.

Ich beginne Spezialgeschäfte aufzusuchen, fühle mich dort aber unwohl. Man begegnet mir dort wie einem Außerirdischen – ich bin jung, tauche aus dem Nichts auf, komme nicht auf Empfehlung irgendeines Lehrers. Zum Vergnügen probiere ich einige Instrumente aus, aber keines spricht wirklich zu mir. Ich lausche Gitarristen, die zu Besuch sind, beobachte sie; man wundert sich über die Länge meiner Fingernägel, rät mir, sie zu kürzen oder andere Fingersätze zu nutzen. Doch ich folge – auch wenn das erstaunen mag – nur selten ihren Ratschlägen. Es ist, als führe ich auf Schienen.

Zunächst denke ich überhaupt nicht über Konzerte nach. Die Vorstellung, vor anderen Menschen als vor meiner Familie zu spielen, bereitet mir Unbehagen. Und glücklicherweise nötigt mich niemand dazu, »Gästen zu zeigen, was ich kann«. Diese Folter, die Tausende von Kindern erdulden müssen, und ebenso viele Gäste, die mit geheuchelter Begeisterung die furchtbaren Darbietungen, das Gekratze auf der Geige oder das schrille Blockflötenspiel, über sich ergehen lassen.

Meine Entwicklung zum Musiker verläuft wie meine Kindheit in einer Umgebung voller Vertrauen, ohne Prüfungen, ohne Verrat, Druck oder Furcht.

Anlässlich der Feier zum 80. Geburtstag des Tänzers Jerôme Andrews im großen Saal der *Ménagerie de Verre* ist auch Carole, unsere ehemalige Tanzlehrerin, anwesend. Sie erzählt uns im Laufe des Abends, dass sie sich wieder in Paris niederlassen wolle, um eine Tanztruppe zu gründen, und stellt schnurstracks die Frage, wer bereit ist, ab dem folgenden Tag mit ihr zu arbeiten. Delphine, Emilie und Eléonore sagen umgehend zu. Ich dagegen weise darauf hin, dass ich kein Tänzer mehr sei, sondern Gitarrist. Caroles Antwort bringt mich ein wenig durcheinander, denn sie entgegnet: »Dann kommst du eben mit deiner Gitarre.« Auf meine vorsichtige Bemerkung, dass ich noch an der Technik feilen muss, antwortet sie schlicht: Wir arbeiten gemeinsam an der Technik, du als Gitarrist, wir als Tänzerinnen.

Carole ist eine Visionärin, was ich damals noch nicht wusste.

Obwohl ich ein wenig besorgt bin, nehme ich am nächsten Morgen gemeinsam mit Eléonore die Metro, um mich auf das Experiment einzulassen. Carole leitet die dreistündigen Proben souverän, während ich an meinem Spiel arbeite und die Tänzerinnen beobachte.

Innerhalb kurzer Zeit gewinne ich das Gefühl, Teil eines Ganzen zu sein. Wir arbeiten gemeinsam an unserer Technik, wärmen uns auf und absolvieren unsere Übungen; wenn die Mädchen beginnen zu improvisieren, gehe auch ich dazu über. Unsere Kreativität fusioniert auf dieser Suche von Anfang an.

Im Laufe der Wochen nehmen die Tänze und die begleitende Musik Gestalt an: ein Solo mit Eléonore, ein weiteres mit Emilie und ein drittes mit Carole.

Carole und ich erarbeiten eine erste Siguiriya, die ich aus dem Flamenco-Repertoire ableite. Jeden Tag treffen wir uns zum Proben in einem ganz kleinen Saal, in dem auch Delphine ihren

Tanz zu einer anderen Musik vorbereitet. Wir arbeiten wie emsige Ameisen; die gemeinsamen Arbeitsstunden und Emotionen türmen sich auf, bestimmte Gewohnheiten etablieren sich. Wir arbeiten an jedem Detail, und ich entdecke einen Beruf. Ich gestalte mit selbstklebenden Zierbuchstaben, Schere und Klebstoff ein Plakat. Man kauft mir einen ersten Bühnenanzug, einen schwarzen von Kenzo, den ich gar nicht mehr ablege.

Anfang Dezember ist es dann so weit, ich habe meinen ersten öffentlichen Auftritt. Und ich mache Bekanntschaft mit einem Gesellen, von dessen Existenz ich bislang nichts wusste: dem Lampenfieber.

Das Publikum ist begeistert, und obwohl unsere Ambitionen bislang über diese eine Aufführung nicht hinausgingen, machen wir uns sogleich wieder an die Arbeit.

Wir bereiten ein neues Programm vor. Diesmal mache ich Musik zu einem Tanz von Delphine und Carole, während Eléonore und Emilie ihrerseits gemeinsam einen Tanz proben.

Wir gestalten alles selbst: die Choreografien, die Musik, die Kostüme, die Programmhefte. Ich bereite große Vorhänge vor, auf die ich in Trompe-l'oeil-Technik ein Stück Mauer male und mit denen wir zwei Öffnungen an der Bühnenrückwand des Saals kaschieren.

Die Musik, die ich nun selbst zu komponieren beginne, hat einen deutlichen Flamenco-Akzent. Im Laufe der Proben kristallisiert sich aus den gemeinsamen Improvisationen unser Stück heraus und gewinnt seine endgültige Form, an der wir feilen, bis jedes Detail stimmt.

Der Zuspruch des Publikums und unser Spaß an der Vorbereitung und Vorführung bringen eine Kette neuer Kompositionen und Choreografien wie von selbst hervor.

Je intensiver ich mich mit dem Gitarrenspiel befasse, desto deutlicher scheinen die Grenzen meiner Contreras zu Tage zu treten. Ich überlege und probiere hin und her, um sicherzugehen, dass ich nicht eigene technische Schwächen dem Instrument anlaste. Irgendwann spiele ich schließlich mit dem Gedanken, eine neue Gitarre zu kaufen. Papa und Mama sagen mir ihre Unterstützung zu, falls ich ein Instrument fände, das mir geeigneter erscheint.

Den Laden in der Rue du Château gibt es nicht mehr, und so sehe ich mich in den anderen Pariser Geschäften um. Als man erkennt, dass ich bereit bin, eine gewisse Summe zu investieren, lässt man mich erstklassige Gitarren ausprobieren. Mit großem Erstaunen stelle ich fest, dass ich keine wirklich besser finde als meine alte. Ich erkläre, wonach ich suche, und ernte zweifelnde Blicke. Vor allem versucht man mir zwei Dinge klarzumachen: dass es an mir sei, mich dem Instrument anzupassen, und nicht umgekehrt, und dass eine unkomfortable Gitarre ein wirkungsvolles Training sei, denn »wer ein schwieriges Instrument beherrscht, kann jedes Instrument beherrschen.«

Obwohl ich noch sehr jung bin und nicht über die Kenntnisse verfüge, die mich heute dazu bringen, diese beiden sehr verbreiteten Weisheiten mit Nachdruck zurückzuweisen, lasse ich mich nicht verunsichern und setze meine Suche fort.

Ich erweitere meinen Radius, doch alle Instrumente, die man mir anbietet, erscheinen mir zu groß, zu schwer, ja fast schon träge. Nur mein Ohr kann mich leiten, aber ich spüre sehr deutlich, dass die Gitarren der Musiker, deren Aufnahmen ich unermüdlich frequentiere, leichter, feiner und lebhafter sind.

Man könnte meinen, dass der Umstand, dass keine einzige Gitarre meinen Vorstellungen entspricht, mich dazu gebracht hätte, diese dementsprechend zu justieren, doch ich vertraue weiterhin auf meinen Instinkt.

Die Besitzerin eines Ladens bringt die Situation auf den Punkt: »Die Gitarre, die du suchst, gibt es nicht. Du wirst sie dir selbst bauen müssen.« Ohne es zu wissen, sollte sie mit dieser leicht ironischen Feststellung ins Schwarze treffen.

Zunächst gedulde ich mich also und bemühe mich, aus meiner Contreras das Beste herauszuholen. Ich beginne mit dem Austausch von Saiten zu experimentieren und stelle fest, dass diese eine Gitarre verbessern oder verschlechtern können; ich bin zunehmend in der Lage herauszufinden, welche mir den besten Klang und höchsten Spielkomfort bringen, und lerne vor allem, dem, was die Verkäufer oder andere Gitarristen sagen, nicht zu viel Bedeutung beizumessen. Denn nur der Gitarrist kann die richtige Chemie zwischen seinem Spiel, seinem Geschmack, seiner Hand und seiner Gitarre finden.

Einmal treffe ich viel zu früh bei dem Hotel ein, in dem Carole und ich proben, und spaziere ein wenig durch das Viertel, in dem es liegt.

Die Nummer 8 der Rue Grégoire de Tours beherbergt einen geradezu heruntergekommenen, sehr unmodernen Laden, in dem sich zwischen dem unüberschaubaren Trödel einige Leute drängen. Ich erblicke mehrere alte Gitarren, und das gibt mir den Mut, trotz des mysteriösen Eindrucks, den diese scheinbar geschlossene Gesellschaft auf mich macht, über die Schwelle zu treten. Von einem imposanten Herrn im cremefarbenen Dreiteiler werde ich in so freundlichem Ton begrüßt, als sei ich ein alter Bekannter. Er hätte geradewegs aus einem Proust-Roman stammen können; einer dieser Männer von beeindruckender Statur, mit durchdringendem Blick und wohlwollendem Lächeln, denen man bei der ersten Begegnung anmerkt, dass sie ein langes, abenteuerliches Leben hinter sich haben.

Der Mann ist Alain Vian, der Bruder von Boris Vian, Fachmann für antike Gitarren, Jazzliebhaber, hoch qualifizierter Musikwissenschaftler und ein Humorist vom Schlage eines Guitry. So ziemlich alles, was Rang und Namen hat – an Gitarren und Gitarristen –, hat er in seinem Laden gesehen.

Alain Vian hat nicht gerade den Ruf eines Engels, doch mir gegenüber ist er stets von unbedingter Großzügigkeit. Er lässt mich gleich bei meinem ersten Besuch eine alte Ramirez aus dem späten 19. Jahrhundert ausprobieren, ein wahres Wunder, eine elfenhafte Gitarre mit einer Spannung wie ein Tambour, leicht wie eine Feder, klangvoll wie eine Kathedrale.

Hier erhalte ich die Bestätigung, dass meine Suche nicht vergeblich gewesen ist: Die antiken Gitarren sind nicht nur leicht und sanft, sondern auch bequem zu spielen – meine Gitarre gibt es doch.

Alain Vian weiß, dass ich mir niemals diese sündhaft teure Ramirez werde leisten können, also lässt er sie mich zumindest so oft wie möglich nutzen. Und bei jedem Besuch lässt er mich etwas Neues ausprobieren. Ich darf auf den Instrumenten spielen, die man ihm zur Expertise überlassen hat, er erzählt mir Geschichten von Gitarren und Gitarristen – von Django Reinhardt bis zu Segovia kennt er alle persönlich – und auch von den Gitarrenbauern. Für mich und meine Leidenschaft für dieses Instrument ist er eine unerschöpfliche Quelle. Vian, zu dem mich jener ungeplante kleine Spaziergang geführt hat, habe ich es zu verdanken, dass sich grundlegende Charakteristika meines Gitarristseins herausbilden konnten.

Auch Papa und Mama schauen nun manchmal bei ihm im Laden vorbei, und besonders Delphine liebt er.

Irgendwann kaufe ich ihm eine ganz kleine Gitarre ab, ebenfalls aus dem späten 19. Jahrhundert – die einzige, die ich mir leisten kann. Eines Abends lässt er mich für seine Kunden spielen, wobei er ihnen ankündigt, dass sie seit Langem keinen solchen Gitarristen gehört hätten. Ich bin sehr gerührt, denn ich weiß, eigentlich hat er schon ganz andere gesehen ... Ein anderes Mal schenkt er mir triumphierend einen antiken Kapodaster aus Ebenholz, von dem ich schon seit mehreren Jahren geträumt habe. Dann lehrt er mich, bei der Begutachtung einer Gitarre stets zunächst durch das Schallloch den Geruch einzuatmen, den der Gitarrenkörper verströmt, und ihn zu analysieren wie den eines Weines. Und eines Abends schenkt er mir ein Bündel Partituren, mit der Feder geschriebene Tabulaturen, die er mit den Worten kommentiert: »Das sind vielleicht Handschriften von Francisco Tarrega.« Ich glaube nicht so recht daran, aber ich fotokopiere sie und es macht mir Spaß, sie zu entschlüsseln. Das sind meine allerersten Schritte in der Welt der klassischen Gitarre.

Leider stirbt der große und schöne Alain Vian einige Jahre später. Und die erhoffte Gelegenheit, ihm ein Instrument abzukaufen, ein so zauberhaftes wie jene ehrwürdige Ramirez, die er mich am ersten Tag in seiner Budike – wie er sie nannte – ausprobieren ließ, kommt tatsächlich nie.

Ungefähr zu jener Zeit gibt mir einer meiner Schüler,[3] ein Herr mit einer Passion für die klassische Gitarre, eine Kassette, die er für mich aufgenommen hat. Auf dem Band finde ich manche der Stücke wieder, zu denen mir Alain Vian die Partituren geschenkt hat (wieder einer dieser glücklichen Zufälle!). Ich entdecke unter den Fingern von Narcisso Yepes, wie sehr die klassische Gitarre mich berühren kann. Doch zunächst bleibe ich Zuhörer.

Im Laufe des Jahres 1990 reist Carole nach Venedig ab. Delphine und ich bleiben ein wenig verwaist zurück und nehmen die Vorbereitungen für die nächste Aufführung in Angriff. Unser Ensemble haben wir mittlerweile auf den Namen Atelier de Création Choréographique et Musicale Carole Catelain getauft. Ohne Zeit damit zu verlieren, uns über die Realisierbarkeit des Projekts Gedanken zu machen, mieten wir einen Saal an, bereiten die Darbietung, das Programm, mehrere Tänze vor. Ich muss mich sehr ausführlich in die Materie einarbeiten, um herauszufinden, wie man Kontakt mit der Presse aufnimmt und welche administrativen Schritte für eine solche Veranstaltung notwendig sind. Da ich keine entsprechende Ausbildung absolviert habe, gehe ich dabei nicht nach einem bestimmten Protokoll vor. Möglicherweise öffnet dieser Unterschied uns manche Tür bei unseren Gesprächspartnern. Schritt für Schritt nehme ich den administrativen Teil dieses Unternehmens in meine Obhut. In der Chronologie des Erscheinens: die Anmeldung bei den Behörden, die Buchhaltung, die Finanzaufsicht ... Papa gibt mir zahlreiche Tipps, darüber hinaus helfe ich mir selbst, rufe verschiedene Buchhalter an, lese Handbücher.

Wir verschicken unsere erste Massensendung, ich lerne Adressregister zu verwalten. Die Reservierungen werden immer mehr, ich entdecke, wie man den Kartenvorverkauf organisiert.

Carole trifft einige Zeit vor der Aufführung in Paris ein und hat die Choreografien im Gepäck, die sie in Venedig vorbereitet hat.

Das neue Programm wird ein Erfolg. Carole reist endgültig wieder ab, aber Delphine und ich begreifen, dass wir hier unseren Beruf gefunden haben.

Im Laufe der folgenden Monate gründen wir das Atelier de Création Choréographique et Musicale FUSION (Atelier für Choreografie- und Musikkreation FUSION). Ich arbeite mich in die notwendigen offiziellen Schritte zur Gründung einer Gesellschaft ein – vom Entwurf der Satzung bis zur Eröffnung eines Bankkontos – und setze sie um.

Delphine sucht währenddessen nach geeigneten Räumlichkeiten, erarbeitet das Dekor, verbringt Stunden mit der Auswahl von Stoffen und den Näharbeiten. Wir laden andere Künstler ein, suchen nach Spezialisten für die einzelnen Belange und können sie für unsere Sache gewinnen: Dieser Beleuchter kümmert sich um die Lichtgestaltung, jener Fotograf um unsere Fotos; Jeanne Moreau liest den Text einer jungen Künstlerin als Vorwort für einen unserer Tänze. Die Bühnentechniker umgeben uns mit ihrer Fürsorge, empfehlen uns ihren Vorgesetzten, unser Publikum ist treu, den Journalisten gefällt unsere Arbeit, die Türen zu internationalen Auftritten öffnen sich.

Und so geht es weiter.

Nachdem wir bereits unsere Kindheit Hand in Hand verbracht haben, eint Delphine und mich nun eine emsige, berauschende Arbeit – ein Strudel, der uns immer weiter mit sich reißt. Ich komponiere ohne Unterlass, wir inszenieren eine Aufführung nach der anderen, wir proben wie die Verrückten.

Manchmal kommen wir bereits morgens in ein großes, heruntergekommenes Atelier in der Nähe der Porte Dauphine und verlassen es erst nach stundenlangen Proben bei Einbruch der Dunkelheit im kalten Licht einiger Neonleuchten. An anderen Tagen finden wir uns um sechs Uhr morgens in einem kleinen Atelier im Quartier Convention ein, um die Räumlichkeiten zwei Stunden lang für unsere Arbeit zu nutzen, bevor die Leute eintreffen, die sie zu einer verträglicheren Tageszeit angemietet haben.

Delphine wird täglich stärker. Von Anfang an reißt mich alles mit, was sie macht, ihre Tänze, ihre Expressivität – die, so die einhellige Meinung, unvergleichlich ist –, ihre Kostüme, ihre Texte … Wir leben beide unser eigenes Leben, aber die kreativsten, konstruktivsten, inspirierendsten und kostbarsten Stunden verbringen wir gemeinsam, und das nahezu täglich.

Manchmal arbeiten Eléonore und Delphines kleine Schwester Emilie mit uns, ein anderes Mal ist es meine Freundin Franziska, eine Sängerin, die sich uns anschließt.

Delphine und ich werden für Vorführungen nach Nîmes eingeladen (wo sich Carole schlussendlich niedergelassen hat), alljährlich haben wir im Dezember Auftritte in Saint-Etienne und wir reisen für Vorstellungen kreuz und quer durch Frankreich, Spanien und die Schweiz.

## *Instrumentenbau*

Nach den Proben gehen wir oft ins Kino. Während den Vorbereitungen für eine Aufführung mit meiner Freundin, der Sängerin, sehen wir den gerade angelaufenen Film *Ein Herz im Winter* von Claude Sautet. Ich will ihn wegen der Schauspieler sehen und entdecke stattdessen den Instrumentenbau.

Der Geigenbau bildet in dem Film das Hintergrundthema und wird sehr liebevoll und mit großer Wertschätzung dargestellt. Die Protagonisten leben in der Welt dieses Handwerks, sehr schlicht und aufrichtig.

Für mich ist es Liebe auf den ersten Blick. Einige Tage hallen die Gefühle auf seltsame Weise in mir nach, die sowohl die Schauspieler als auch die Atmosphäre bei der Fertigung der Instrumente in mir hervorgerufen haben. Die Präzision der Handlungen, die Finesse der Arbeitsschritte, die fast schon magische Wirkung, die ein kleiner Handgriff haben kann, die Ruhe und strahlende Konzentration bei der Arbeit ... All das fasziniert mich ungemein. Ich kenne dieses Gefühl bereits von manchen Besuchen bei Alain Vian oder von der Lektüre eines besonderen Buches, doch hier haben sie noch einmal eine andere Dimension.

Mein Wunsch, selbst Instrumentenbauer zu werden, ist mir zwar noch nicht bewusst, doch während der folgenden Tage hole ich den dicken Band *Le grand livre de la guitare* (Das große Buch der Gitarre) von Mary Anne und Tom Evans hervor und vertiefe mich in das Kapitel über die Arbeit des Gitarrenbauers José Luis Romanillos. Dann lese ich das ganze Buch, das zärtlich und präzis die kosmopolitische Geschichte meines Instruments darlegt.

Ich gehe noch einmal alles durch, was mir an Lektüre zur Verfügung steht, stelle aber fest, dass es mich in dieser Sache nicht weiterbringt. Dann blättere ich im Programm des ADAC, doch auch dort entdecke ich nichts Passendes. Das Internet gibt es noch nicht, und ich finde niemanden, der mir weiterhelfen kann. Ich bewege mich in winzigen Schritten vorwärts, doch seltsamerweise habe ich es nicht eilig ...

Mein nächster Gedanke ist, erneut die Pariser Fachgeschäfte aufzusuchen. Ich beginne mit dem Laden, dessen Besitzerin mir gesagt hat, es gebe die Gitarre meiner Träume nicht. Denn ich weiß, dass dort von Zeit zu Zeit ein Gitarrenbauer arbeitet.

Als ich das Geschäft besuche, ist er nicht da. Und ich stoße auf keinen großen Enthusiasmus, als ich erkläre, wofür ich mich interessiere – oder genauer gesagt, man versucht, mich mit aller Vehemenz zu entmutigen: Der Gitarrenbau sei ein schwieriges Metier, dem man sich ausschließlich und für immer widmen müsse. Es sei kein einträglicher Beruf, also warum sich damit abgeben? Man müsse sich entscheiden, ob man ein guter Gitarrist oder ein guter Gitarrenbauer sein möchte, beides sei unmöglich. Beim Gitarrenbau verletze man sich leicht, man breche sich die Fingernägel ab, alle Gitarrenbauer hätten lädierte Hände ...

Eine Fülle von Behauptungen, von denen ich heute weiß, dass sie völlig falsch sind. Doch schon damals habe ich meine Zweifel und lasse mich von diesen Warnungen nicht entmutigen. In solchen Angelegenheiten vertraue ich nur dem, was ich selbst erlebe. Außerdem haben mir meine Lektüre und die Erfahrungen, die ich bei Alain Vian gewonnen hatte, große Selbstsicherheit gegeben.

Ich besuche die Musikmesse, wo ein Großteil der französischen Gitarrenbauer zusammenkommt. Ihre Reaktion ist eisig, ihre Argumentation durchgehend fadenscheinig. Zumindest kann ich einige Werkzeuge betrachten und zwischen all den Werbevideos für dieses oder jenes Produkt ein paar Informationen aufschnappen.

Von all diesen Gitarrenbauern bekomme ich ausnahmslos dasselbe zu hören: »Wenn du wirklich Gitarrenbauer werden willst, musst du zunächst eine Schreinerlehre machen (drei Jahre), dann mit einer Ausbildung zum Kunsttischler deine Arbeitsweise verfeinern (zwei Jahre) und schließlich eine Schule für Instrumentenbau mit der Fachrichtung »Geigenbau« besuchen, denn es gibt keine Fachschule für den Gitarrenbau. Und dann kannst du wiederkommen und bei mir eine Ausbildung beginnen.« Das Kuriose daran ist, dass sie selbst in der Mehrzahl Autodidakten sind.

Einige Zeit später verbringe ich mit meiner Freundin Franziska die Ferien im Schweizer Kanton Graubünden. Ich erinnere mich, dass ich einige Jahre zuvor einen jungen Gitarrenbauer im Hauptort Chur besucht habe, und blättere daraufhin in den Gelben Seiten. Ich finde zwei Namen und Telefonnummern und greife auf gut Glück zum Telefonhörer. Es hebt niemand ab, und ich klappe das Branchenbuch zu.

Franziska will mir helfen und spricht mit einem Klavierbauer, den sie kennt, über meine Suche. Auch sie darf sich entmutigende Kommentare anhören: Er erklärt ihr, dass von diesem Handwerk niemand leben könne und dass die beiden Gitarrenbauer in Chur Dilettanten seien ...

... doch ich habe es ja nicht eilig, ich gebe mein Vorhaben ebenso wenig auf wie meine Vorstellung von seiner Umsetzung. Und mit einem Kompromiss will ich mich auch nicht zufriedengeben. Tief in mir fühle ich dieses Vertrauen: Eines Tages komme ich an mein Ziel.

Einige Zeit später bin ich mit Papa in Chur, und ein befreundeter Buchhändler ermutigt mich, erneut den jungen Gitarrenbauer aufzusuchen, den ich einige Jahre zuvor getroffen habe. Ich mache mich auf den Weg, ohne große Erwartungen öffne ich die Glastür (über eine solche Schwelle tritt man offenbar nicht mit dem Gedanken:

dies ist ein entscheidender Moment!) und finde mich wieder in einer Welt aus Farben, Gerüchen und Geräuschen, wie ich sie in meinen Träumen gesehen habe.

Der Mann, der dort über eine offene Gitarre gebeugt arbeitet, hebt den Kopf, ohne seine Tätigkeit zu unterbrechen, und grüßt mich zwanglos. Seine Hände hantieren im Gitarrenkörper mit einem feinen, länglichen Werkzeug.

Der Mann ist Werner Schär. Nach dem Austausch der üblichen Höflichkeitsfloskeln erkläre ich ihm den Grund meines Besuches, wie ich es schon dutzendmal getan habe. Ich trage mein Anliegen geradezu scherzhaft vor, so sicher bin ich mir, die Antwort bereits zu kennen:

– »... und werden Sie mir zeigen, wie man eine Gitarre baut?«

– »Ja.«

Mir verschlägt es die Sprache.

Große Ereignisse künden sich mir für gewöhnlich nicht mit Pauken und Trompeten an.

Ich finde meine Sprache wieder:

– »Ab dem Herbst, zu Beginn des neuen Schuljahres?«

– »Einverstanden.«

Wir besprechen noch einige Details, und ich verlasse die Werkstatt nach kaum zehn Minuten.

Mein Umfeld nimmt alles sehr selbstverständlich auf.

In den folgenden Wochen nehme ich keinen Kontakt mit Werni auf, sondern organisiere alles, um Paris für eine gewisse Zeit verlassen zu können. Nach den Sommerferien setze ich meine Tätigkeiten dort nicht fort, sondern nehme offiziell eine Auszeit.

Im September ziehe ich zu Franziska, die 30 Kilometer von Chur entfernt lebt.

Sobald ich meine Sachen ausgepackt habe, rufe ich Werni an. Einige Tage lang zögert er, dann nennt er mir den Zeitpunkt für ein erstes Treffen in seiner Werkstatt. Mittlerweile weiß ich, dass er damals nicht damit gerechnet hat, dass ich mein Vorhaben vom Frühjahr in die Tat umsetzen würde.

Er empfängt mich an einem Nachmittag, zeigt mir verschiedene Dinge, ein wenig wie bei einer Touristenführung. Aber bei dieser Besichtigung lerne ich nichts, was ich nicht schon aus den Büchern kenne, und Werni wird schließlich bewusst, dass ich kein Urlauber auf der Suche nach ein paar Ansichtskarten bin.

So holt er einen Stapel goldfarbenen Holzes hervor und legt ihn auf eine Hobelbank. Dann bringt er seinen kostbaren Hobel, stellt ihn daneben und sagt: »Hier hast du Holz und Werkzeug. Bau dir eine Gitarre. Ich arbeite gerade selbst an einer; ich kann dir also alle Handgriffe, alle Arbeitsschritte zeigen; ***aber ich kann dir dieses Handwerk nicht beibringen, ich kann es dir nur zeigen.***« Damit hat der wunderbare Werni mir gerade die Formel geliefert, mit der ich von nun an meine Vorstellung von einem Meister beschreiben kann: ein Mensch, der einen Schritt für Schritt auf dem Weg des Lernens in der Praxis begleitet, ohne einem vorauszueilen, ohne einen mit einer vorgefertigten Methodik zu erschlagen, ohne einem durch Prüfungsvorbereitungen die Kraft zu rauben, ohne einem Multiple-Choice-Tests oder einen Zeitplan aufzuzwingen.

Noch erwähnen muss ich, dass er mir kein minderwertiges Holz oder schäbiges Werkzeug, sondern umgehend das beste Material zur Hand gab. (Genauso halte ich es übrigens für eine Unsitte, Anfängern auf der Gitarre erst einmal ein »Einsteigerinstrument« zuzumuten, eine Gitarre von niedriger Qualität aus minderwertigen Materialien und von jämmerlichem Klang, die schlecht justiert und deren Körper plump ist, woraus sich zwangsläufig eine unbequeme Handhabung ergibt. Denn so sind Enttäuschungen vorprogrammiert.)

Werni hat mich keinerlei vorbereitende Übungen mit Ausschussmaterialien machen lassen. Ich muss nicht wie andere Lehrlinge zunächst niedere Arbeiten verrichten oder 50 Mal das gleiche Stück anfertigen, bevor ich zu anspruchsvolleren Dingen übergehen darf.

Werni vertraut mir seine Werkzeuge an, ohne zuvor eine theoretische Einführung abzuhalten. Er nennt mir den Namen der Gerätschaften ohne vorher dumm zu fragen: »Und weißt du, was das hier ist?«

Er zeigt mir einen Handgriff, eine Tätigkeit, und dann reicht er mir das Werkzeug.

Er bleibt an meiner Seite, um zu sehen, was ich tun würde, und gegebenenfalls korrigiert oder vervollständigt er meine Arbeit. Das ist alles.

## *Exkurs: die Werkzeuge*

Werkzeuge mochte ich immer schon, sie waren mir vertraut. Als ganz kleiner Junge beobachtete ich Papa, wie er mit Brettern, Schrauben, Leim, Nägeln und Werkzeug einfache und praktische Möbel baute. Ich beobachtete ihn beim Sägen, erfasste und vergrößerte wie unter einem inneren Mikroskop die Tätigkeit der einzelnen Zähne im Holz und verstand, wie das Sägemehl entstand. Ich sah, wie sich die Nägel unter den Hammerschlägen ins Holz bohrten, bemerkte, wie sich die einzelnen Flächen zu einem geometrisch stimmigen Ganzen zusammenfügten.

Papa schenkte mir einen Werkzeugkasten. Die Werkzeuge waren zwar aus Holz, aber es waren schöne, funktionelle und sehr realistische Spielsachen und keine disproportionalen, lächerlichen Nachahmungen aus grellbuntem Plastik, mit Clownsohren oder einer Kuhschnauze dekoriert.

Ich spielte stundenlang mit meinen Werkzeugen und beschäftigte mich ausgiebig mit der Funktionsweise eines »Ammers«, wie ich ihn damals nannte, mit dieser Masse, die durch die Geschwindigkeit so viel an Gewicht gewinnt, dass sich ein Nagel ins Holz bohrt, wenn sie auf ihn trifft.

Ich weiß nicht mehr, wann ich zum ersten Mal einen Schraubenzieher, eine Zange oder einen Schraubenschlüssel benutzt habe, aber ich war noch recht jung und vollkommen begeistert davon. Mit Eifer beschäftigte ich mich mit dem Thema »Reparatur«, das noch heute eine wichtige Rolle in meinem Leben spielt.

Zunächst reparierte ich Fahrräder: als Erstes nur die Schutzbleche, dann die Bremsen und schließlich die Gangschaltung.

Meine Erforschungen und Betrachtungen der Mechanik wurden immer komplexer. Ich reparierte einen Wecker, später einen Kassettenrekorder. Stets ausgehend von den zuvor gewonnenen Erkenntnissen zerlegte ich immer kompliziertere Geräte und baute sie wieder zusammen. Ich mochte (und mag immer noch) den langsamen Erkundungsprozess, mit dem man sich Zugang zum Innenleben eines Geräts verschafft, das vorsichtige Herantasten an seine Funktionsweise und das Auffinden des Defekts sowie das Ermitteln der Möglichkeiten für eine Reparatur, was großen Einfallsreichtum verlangen kann, wenn kein entsprechendes Ersatzteil zu finden ist.

Bei der späteren Arbeit mit Metall, Keramik und anderen Materialien gewann ich eine starke, sinnliche Beziehung zu den Arbeitsmitteln des Handwerkers. So fiel es mir nicht besonders schwer, Lampen in einer einfachen Form der Tiffany-Technik herzustellen, als ich ein paar Tage in der Werkstatt eines befreundeten Glasmachers zubrachte. Er bemerkte meine Freiheit im Umgang mit den Werkzeugen und Materialien, und meine zwölf Jahre hinderten ihn nicht, mir sogleich anzubieten, in seiner Werkstatt das herzustellen, wozu ich Lust hätte. Nachdem ich eine Weile zugesehen hatte, entwarf ich eine Tiffany-Lampe im Stil von 1900. Es war ein beglückendes Gefühl, an ihr zu arbeiten, umgeben von dem Geruch der Lötkolben und den Geräuschen beim Zuschneiden des Glases. Später stellte ich noch verschiedene andere Lampen, Spiegel und Vasen her.

Ich hatte von Beginn an gelernt, mit Werkzeugen respektvoll und sorgsam umzugehen, sodass niemand, der mir seine Gerätschaften anvertraute, es jemals bereuen musste.

## *Zurück zu Werni*

Schon während des ersten Arbeitstags mit Werni beginne ich die klanglichen Nuancen zu unterscheiden, die man beim Klopfen auf die unterschiedlich dünnen Fichtenbretter wahrnimmt. Aber damals habe ich natürlich noch nicht die Erfahrung, die es mir heute erlaubt zu erahnen, welche klanglichen Charakteristika das Holz dem Instrument am Ende der verschiedenen Phasen der Metamorphose verleihen wird. Aber mit Wernis Ermutigung und einigen seiner Identifizierungen bestimmter Hölzer im Hinterkopf folge ich meinem Instinkt und Geschmack.

Er bringt mir dann bei, den Langhobel zu benutzen, um die vollkommen makellose Fuge zwischen den beiden Holzbrettern zu gewährleisten, aus denen die Gitarrendecke zusammengefügt ist. Das ist eine langwierige und penible Arbeit, die alle Sinne des Gitarrenbauers fordert. Ich lerne, dass die Holzspäne einem eine Vielzahl wertvoller Informationen liefern.

Schließlich zeigt mir Werni, wie man die Presse verwendet, um die beiden Bretter zu verkleben, auf die ich in einem magischen Moment den Umriss der Gitarre zeichne. Ich verwende dafür Schablonen, von denen mir Werni kundtut, dass sie direkt auf jene des großen Gitarrenbauers Antonio de Torrès zurückgehen. Ich erfahre außerdem, dass Werni eine Ausbildung bei José Luis Romanillos absolviert hat, jenem Gitarrenbauer, über den ich so beseelt in dem Gitarrenbuch der Evans gelesen hatte!

So geht dieser ebenso fruchtbare wie entscheidende Tag zu Ende.

Als ich zu Franziska zurückkehre, bin ich erfüllt von unbändiger Freude, Begeisterung und Ungeduld. Im Laufe der nächsten Wochen etabliert sich ein wunderbar gleichmäßiger Rhythmus: Ich fahre fast täglich mit dem Zug nach Chur, arbeite mit Werni, nehme mein Mittagessen als Picknick zwischen all den Werkzeugen, Resthölzern und Gerüchen in der stillen Werkstatt ein. Abends komme ich erschöpft, glücklich und dankbar nach Hause. Nach und nach gewinne ich Wernis Vertrauen. Unsere Freundschaft wächst in dem Maße, wie meine Gitarre Gestalt annimmt. Irgendwann überlässt er mir den Ladenschlüssel, damit ich dort auch arbeiten kann, wenn er nicht anwesend ist. Dank der unbedingten Liebe, die ich für diese Werkstatt empfinde, bedarf es keiner Vorbereitung, um die Kunden zu empfangen, die in den Laden kommen, wenn ich mich allein dort aufhalte. Werni ist hocherfreut.

Eines Nachmittags bin ich ohne Werni in der Werkstatt und wage es, eine von ihm gebaute Gitarre in die Hand zu nehmen, die zur Überholung gebracht wurde. Bislang hat sich eine solche Gelegenheit noch nicht ergeben, denn die Gitarre, an der Werni gerade arbeitet, ist das einzige seiner Instrumente, das ich kenne. Ich öffne den Gitarrenkasten. Darin liegt eine prächtige Gitarre aus Olivenholz. Schon als ich sie aus dem Kasten hebe, stellt sich wieder das erhebende Gefühl ein, das ich bei der Ramirez von Monsieur Vian empfunden hatte.

Ich spiele einige Töne und bin überwältigt: vom Spielkomfort, der Ästhetik, dem Klang, der Kraft und der Leichtigkeit, einfach allem an diesem Instrument.

Das habe ich nicht erwartet. Ich habe nicht erwartet, ein solches Instrument hier zu finden. Wernis Kompetenz hat mich immer beeindruckt, aber jetzt dämmert mir, dass ich es mit einem Meister vom Schlage eines Torrès zu tun habe.

Im Laufe der Stunden gemeinsamer Arbeit, während derer Werni erkennt, dass seine Erläuterungen bei mir ankommen, dass ich sie verinnerliche und umsetze, erklärt er mir immer mehr Details, offenbart mir immer mehr Geheimnisse.

Ich übe, die Werkzeuge rasiermesserscharf zu schleifen, die Hobel so präzise einzustellen, dass man ohne Kraftaufwand perfekte Späne abhobelt, die davon zeugen, dass das Holz gewaltfrei behandelt wurde.

Denn von Werni lerne ich, das Material niemals zu misshandeln, das Holz niemals zu bezwingen, sondern sich hineinzufühlen, bevor man es bearbeitet, und den Verlauf seiner Fasern zu berücksichtigen.

Ich stelle mit Freude fest, dass Werni mit demselben Feingefühl die Gitarre spielt. Er konzentriert sich mit allen Sinnen, um ihr Klänge zu entlocken, die ebenso fein ziseliert und makellos sind wie die Holzteile, die er unermüdlich und ohne Ungeduld bearbeitet.

Mir wird klar, dass man mir Unfug erzählt hat. Ein hervorragender Gitarrenbauer zu sein hindert nicht daran, auch ein hervorragender

Gitarrist zu sein; offensichtlich ergänzen und bereichern sich beide Berufe und ermöglichen ein verfeinertes Bewusstsein der wechselseitigen Implikationen.

Langsam kehrt in mir die Ruhe ein, die man zum Instrumentenbau benötigt. Die Tage verstreichen sanft und gleichmäßig. Zwischen September und Dezember kommt meine erste Gitarre zur Welt.

Damit geht die Aufgabe zu Ende, die ich mir gestellt habe und deren Erfüllung mir Werni ermöglicht hat. Es wird Zeit, meine Dinge zusammenzuräumen, nach Paris zurückzukehren und mir eine Zukunft zu ersinnen – in dieser neuen Welt, die mich aufgenommen hat, eine Richtung einzuschlagen.

Die Werkstatt und ihren Alltag hinter mir zu lassen und mich von Werni zu verabschieden ist äußerst schmerzlich. Und ich finde es schön, dass auch Werni, der bislang die Einsamkeit seiner Werkstatt sehr geschätzt hat, ein bisschen traurig ist.

Ich gestehe mir einige Wochen Bedenkzeit zu. Der Pariser Alltag hat mich wieder. Delphine und ich reisen für einen Auftritt nach Nîmes, den wir kurzfristig vorbereiten. Es ist die Gelegenheit, erstmals mit der selbst gefertigten Gitarre die Bühne zu betreten.

Die Auftritte dort bestätigen einen Eindruck, der mich seit meiner Abreise von Chur gequält hat: Diese Gitarre ist zwar sehr schön, entspricht jedoch nicht meinen Erwartungen.

Noch kann ich nicht die glückliche Wendung sehen, die diese Feststellung nach sich ziehen soll; ich bin niedergeschlagen.

Im Laufe des Januars besuche ich Werni. Wir analysieren gemeinsam die Gründe für meine Unzufriedenheit. Er kommt zu einem kategorischen Schluss: Ich muss mir eine weitere Gitarre bauen. Dass es mir im Moment unmöglich ist, mich erneut für längere Zeit in Chur aufzuhalten, stellt für ihn keinen Hinderungsgrund dar. Er schlägt mir stattdessen vor, Werkzeuge zu kaufen und mir zu Hause einen Arbeitsplatz einzurichten. Er selbst hat mit dem Gitarrenbau am Küchentisch begonnen.

Seine Bestimmtheit überzeugt mich. Noch am selben Nachmittag ist meine Entscheidung gefallen: Wir wählen Holz aus seinem Lager aus. Ich notiere einige Maßzahlen, mache mir schnell ein paar Skizzen bestimmter Schemata, und Werni schenkt mir eine seiner kostbaren Schublehren.

Zurück in Paris wandere ich – oft in Begleitung von Papa – durch die Geschäfte im Faubourg Saint-Antoine. Dort finde ich nach und nach alle Werkzeuge, die ich benötige. Hier und da schnappe ich Informationen auf. Mein Cousin, ein Kunsttischler, empfiehlt mir gewisse Händler, die mir manchen wertvollen Rat geben. Diese älteren Herren freuen sich, dass ein junger Mann so viel Leidenschaft und Respekt mitbringt und altmodisch genug ist, sich für ihren Erfahrungsschatz zu interessieren.

Mein Zimmer füllt sich mit Hobelspänen. Jeden Abend muss ich staubsaugen, um zu verhindern, dass sie auf den Inhalt meiner Schränke und das ganze Haus übergreifen.

Neben meinen anderen Aktivitäten arbeite ich mehrere Stunden am Tag an meiner Gitarre. Ich habe fast nichts vergessen: Die Arbeitsschritte, Handgriffe und Abfolgen, die ich bei Werni zwar nur einmal, aber mit Hingabe ausgeführt habe, sind noch gegenwärtig. Und sobald ich mir einer Sache nicht sicher bin, sehe ich auf den unzähligen Fotos nach, die ich in der Churer Werkstatt gemacht habe, oder rufe

Werni an. Um mir manche Dokumente schicken zu können, schafft er sich sogar ein Faxgerät an.

Ich komme in großen Schritten voran. Eines Abends, als ich nach einer Probe spät nach Hause zurückkehre, finde ich eine Notiz auf der Gitarrendecke vor, in die ich gerade die Schallloch-Rosette eingearbeitet habe: »Kompliment für die Schönheit und Präzision dieser Einlegearbeit, Papa.«

Meine Familie verfolgt die Fortschritte meiner Arbeit und beißt die Zähne zusammen, wenn es einmal wieder besonders laut oder staubig ist. Es ist irgendwie magisch, dort in meinem Zimmer eine Gitarre entstehen zu sehen.

Eines Abends sehen Eléonore und ich den reizenden kleinen Film *Mauvais Garçon* im Kino. In dem Film kommt auch ein Gitarrist vor, und man hört *Adelita* von Francisco Tàrrega. Diese Musik verzaubert uns und schwirrt uns noch Stunden nach dem Verlassen des Kinos im Kopf herum. Ich erinnere mich, dass in dem Bündel an Partituren, das mir Alain Vian geschenkt hat, auch die Noten zu diesem Stück sind. Ich hole sie hervor und beginne sie zu entziffern. Ohne dass es mir bewusst ist, mache ich so meine ersten Schritte auf dem Gebiet der klassischen Gitarre. Ich lerne ein Stück nach dem anderen. Werni findet Gefallen an der Sache und überträgt mir manche Stücke in Tabulaturen. Ich kann eine traditionelle Partitur zwar entziffern, aber mit einer Tabulatur fühle ich mich freier. Wernis Engagement entzückt mich.

Die Fertigung der einzelnen Elemente meiner Gitarre ist fast beendet. Ich habe keine großen Werkzeuge gekauft und so reise ich für das Biegen der Zargen und den abschließenden Zusammenbau mit den fertigen Einzelteilen zu Werni.

Im April beginne ich mit der Lackierung, ziehe die Saiten auf und entdecke, dass ich jetzt das Instrument in Händen halte, das ich

mir vorgestellt habe. Werni kontrolliert die Konstruktion, den Lack.

Und er macht mir den Vorschlag, sein Partner zu werden, was ich mit großer Rührung annehme.

Wir vereinbaren, dass ich nach den Sommerferien für zwei Monate nach Chur zurückkehre. Aber unterwegs verändert sich noch einmal alles. Franziska und ich trennen uns, ich lerne eine Frau kennen, die meinen Blick nachhaltig erweitert, aber ich bleibe letztlich allein.

Als wäre ich nicht schon genug gebeutelt, muss ich nun schweren Herzens Werni anrufen, um ihm mitzuteilen, dass ich in der Schweiz keine Unterkunft mehr habe.

»Gar kein Problem«, ist seine Antwort, »komm her, du wohnst bei uns.«

Ich packe meine Koffer und reise in die Schweiz.

Werni und seine Familie sind gerade erst in ein Haus zehn Kilometer außerhalb der Stadt umgezogen. Ich werde mit offenen Armen und Herzen empfangen, als wäre ich ein Mitglied der Familie.

Nun beginnt ein märchenhafter Alltag. Ich wage mich an den Bau einer dritten und einer vierten Gitarre und fange an, einige Reparaturarbeiten zu übernehmen. Bei den Tätigkeiten, für die es mir an Praxis fehlt, leitet mich Werni zunächst an. Ich nutze meine Bühnen- und Medienerfahrungen, um das Interesse von Presse und Öffentlichkeit auf Wernis Arbeit zu lenken. Es ist schön zu sehen, dass diese »Kampagne« einige Früchte trägt.

In der Werkstatt arbeiten wir eher schweigend. Doch wenn wir abends in sein Haus zurückkehren, führen wir lange, intime Gespräche, an denen auch Wernis Frau Cecilia teilnimmt, und die mir wie Reisen durch uns und die Welt vorkommen. Ich entdecke Wernis unprätentiöse, für mich oft entscheidende Weisheit.

Werni ist nun nicht mehr nur mein Meister, sondern wird mit der Zeit auch zum innigsten Freund, den ich jemals hatte: Er ist eine echte Instanz, ein Schutzschild. Uns verbindet eine vom Himmel geschenkte gegenseitige Zuneigung, und die Freude darüber stärkt uns beide.

Dieses Märchen dauert bis heute an. Die Jahre sind vergangen, aber unsere Verbindung hat sich nie gelockert, unsere Partnerschaft ist stärker geworden. Beide haben wir im Laufe der Zeit viele Entscheidungen getroffen, Neuorientierungen vorgenommen, aber niemals, ohne uns zuvor mit dem anderen zu beraten. Wir telefonieren beinahe täglich, und wenn wir einmal nicht miteinander kommunizieren können, so wissen wir dennoch immer, dass der eine für den anderen da ist.

## *Die Weitergabe: Jean-Marie*

Ich kann das Kapitel zum Gitarrenbau nicht beenden, ohne auf Jean-Marie, meinen ersten Schüler, zu sprechen zu kommen.

Bei einem unserer abendlichen Gespräche werde ich von einem jener Anflüge von Dankbarkeit erfasst, die ich so oft empfinde, und ich frage Werni, wie ich ihm jemals zurückgeben könne, was er mir gibt.

Werni hat eine klare Antwort: »Du kannst nicht zurückgeben, was dir gegeben wurde, also mach es dir zur Aufgabe, es weiterzugeben.«

Ich bin mir der Wichtigkeit dieser Mission bewusst und warte auf eine entsprechende Gelegenheit.

Eines Tages ruft ein junger Mann an. Er meldet sich auf Empfehlung eines gemeinsamen Freundes und erklärt mir, dass er sowohl das Gitarrenspiel als auch den Instrumentenbau erlernen wolle.

Wie alle Instrumentenbauer erhalte auch ich regelmäßig derartige Anfragen. Der erste Kontakt ist angenehm, und ich mache Jean-Marie den Vorschlag, zunächst einmal zu kommen, um Gitarre zu spielen.

Im Laufe unserer Unterrichtsstunden kommen wir regelmäßig auf das Thema Gitarrenbau. Er betrachtet meine Werkzeuge, Hölzer, Fotos und Bücher.

Und eines Tages nehme ich ihn mit ins Viertel Faubourg, wo er seine ersten Werkzeuge erwirbt. Er sucht sich aus meinem Vorrat Holz aus und ich leihe ihm die Gerätschaften, die ihm noch fehlen; sein kleines Appartement verwandelt sich in ein Refugium für leidenschaftliche Gitarrenbauer.

Innerhalb einiger Monate, während derer Vertrauen und Freundschaft gedeihen, fertigt Jean-Marie seine erste Gitarre. Ich begleite ihn mit der gleichen Gewissenhaftigkeit und Innigkeit, die ich bei Werni kennengelernt habe.

Jean-Marie hat das Glück, schon nach dem Bau der zweiten und dritten Gitarre Aufträge zu erhalten.

## *Theater*

Nicht nur ins Konzert, sondern auch ins Theater gingen wir oft. Das, was ich bereits zum Verhalten von uns Kindern im Konzert ausgeführt habe, trifft auch auf die Theaterbesuche zu. Von Anfang an war ich fasziniert und beglückt, ich beobachtete und analysierte alle Abläufe und Rituale – von der Choreografie der Platzanweiserinnen über die französische Tradition des dreimaligen Klopfens, die Bewegungen des Vorhangs und die der Schauspieler, ihre Auftritte und Abgänge sowie die Abfolge der Akte bis zu den Verbeugungen unter dem Applaus des Publikums.

Wie alle Kinder gaben wir oft Theatervorstellungen, vor allem bei unseren Großeltern in Lézan, wo die Familie zusammenkam und wir das gesamte Haus zu unseren Darbietungen einluden.

Etwas später, nachdem wir im Radio das herrliche Stück *Le mot de Cambronne* von Sacha Guitry gehört und aufgenommen hatten, beschlossen wir, es mit der Familie einzustudieren und zu spielen. Ich hörte das Stück immer wieder, bis ich jeden Tonfall von Guitry imitieren konnte, dessen Rolle ich mir ausgesucht hatte.

Ebenso machten wir es mit dem Stück *Topaze* von Marcel Pagnol. Papa besaß eine Aufnahme aus den 1960er Jahren, die einige Monate lang zu unserer Lieblingsplatte wurde. Wir hörten und nahmen es so oft auseinander, dass wir schließlich alle Szenen, jede Modulation der Stimme auswendig konnten.

Im Laufe der Jahre wurde es eine meiner Spezialitäten, die Sketche meiner Lieblingshumoristen auswendig zu lernen und sie der Familie vorzutragen.

Später dann hatten Eléonore und ich viel Spaß daran, unseren Freunden Zelda und Némo, die gemeinsam mit ihren Eltern hobbymäßig Theater spielten, bei den Vorbereitungen der Vorstellungen zu helfen – das gefiel mir so gut, dass ich für sie sogar ein Stück schrieb: *Le cheval noir* (Das schwarze Pferd).

***

Während jener Ferien in Graubünden mit Franziska, in denen ich in den Gelben Seiten nach Wernis Telefonnummer gesucht habe, erklärt mir unsere deutsche Freundin Kristine, die mit uns aus Paris gekommen ist, dass sie mit den Schülern ihres Theaterkurses ein Stück frei nach Shakespeare probe – und dass sie noch einen Musiker für die Aufführung suche.

Das Angebot mitzumachen gefällt mir auf Anhieb. Gleich bei der Rückkehr nach Paris lerne ich die kleine Truppe und den Regisseur Giancarlo kennen; der erste Kontakt ist gut.

Man warnt mich, dass Giancarlo nicht immer umgänglich sei. Ich stelle nichts dergleichen fest und bin eher beeindruckt von seiner

Kompetenz, seiner Professionalität und seiner Disziplin, die an die Verhältnisse bei den »riskanten« Bühnenkünsten wie Tanz oder Zirkus erinnern. Als er mich bittet zu spielen, entwickle ich wie bei der Begleitung von Tanzauftritten aus dem Stegreif einen musikalischen Ausdruck für die sprechenden Akteure.

Giancarlo gefällt das. Wir beschließen, bei dem Projekt zusammenzuarbeiten.

Während der Proben beobachte ich Giancarlos Arbeit als Regisseur mit großer Aufmerksamkeit. Nach der einzigen Vorstellung des Stückes bleibe ich mit ihm in loser Verbindung.

Wir laden uns gegenseitig zu unseren Aufführungen ein, aber ein neues gemeinsames Projekt zeichnet sich nicht ab.

Delphine arbeitet ihrerseits mit einem gemeinsamen Freund, der ein kleines Ensemble sowie ein kleines Theater leitet. Dieses befindet sich in einem Pariser Gebäude, das vormals die Kühlräume der französischen Bahn beherbergt hat und nun von Künstlern aller Art angemietet und bevölkert ist. Auch wir proben dort von Zeit zu Zeit.

Delphine kreirt die Choreografie zu einigen Stücke des Ensembles und schließlich schlägt man mir vor, mich dazuzugesellen und die Musik für zwei Stücke zu komponieren.

Die Chemie stimmt. Das Ensemble ist gerade in einer Phase der Neustrukturierung und so kommt es, dass man uns fragt, ob wir uns anschließen wollen. Und das tun wir mit Begeisterung. Es gibt keine wirkliche Hierarchie. Jeder trägt Verantwortung, und die Aufgaben werden freiwillig übernommen oder geteilt.

Wir entscheiden, den Saal, in dem wir auftreten, einigen fälligen Renovierungen zu unterziehen, ein richtiges kleines Theater daraus zu machen und ein Festival zu organisieren.

Unsere Truppe wird von der Ernsthaftigkeit, mit der alle bei der Sache sind, und der Freundschaft der einzelnen Mitglieder zusammengehalten. Unser Atelier für Choreografie- und Musikkreation FUSION schließt sich also dem Ensemble an und wir entwickeln gemeinsame Programme. Mit Wernis Hilfe komme ich einen entscheidenden Schritt voran: Ich arbeite fortan regelmäßig mit einem an meine Gitarre angeschlossenen Guitar-to-Midi-Converter, mit dem es, ähnlich wie bei einem Synthesizer, möglich ist, ihre Klänge zu erweitern. Meiner Musik eröffnen sich (allein durch die Lautstärke) ungeahnte neue Möglichkeiten, ich lasse electroclassic® als Markenzeichen eintragen und lege dessen Kodex fest.[4]

Gemeinsam mit Delphine und unseren beiden Schwestern lebe ich sechs Jahre lang fast täglich in diesem Theater. Aus organisatorischen Gründen müssen wir oft gegen sieben Uhr morgens mit den Proben beginnen, und in Festivalzeiten endet unser Tag oft erst spät in der Nacht mit dem Abschließen des Saals.

In dieser Zeit erhalte ich Einblicke in sämtliche Arbeitsbereiche des Theaters, denn wir kümmern uns um alles selbst: Kochen, Nähen, Empfang des Publikums, Verwaltung der Bestände, der Requisitenkammer und der Lampen, Aufstellen der Sitzreihen, Auf- und Abbau der Beleuchtung, Layout der Broschüren, Korrektur der Texte, Kulissenbau, Kostümentwürfe, Malen, Inszenieren, Schreiben, Musik, Choreografie, Reparaturen, Einkäufe, Programmgestaltung, Castings, Buchhaltung, Proben, Verwaltung, Plakate, Kartenverkauf, Programmhefte ...

Ich bin abwechselnd Musiker, Komponist, Barkeeper, Kassierer, Intendant, Korrekturleser, Techniker, Telefonist, Lehrer, Produzent, Repetitor, Schreiner, Designer, Darsteller, Schweißer, Elektriker, Zuschneider von Gelatine, Leiterhalter, PR-Referent, von Lampenfieber zerfressen oder im Freudentaumel.

Mir kommt der Gedanke, die Theatertruppe von Giancarlo zu unserem Festival einzuladen. Nach einer ersten gelungenen Zusammenarbeit wird Giancarlo ein regelmäßiger Gast in unseren Räumlichkeiten.

Als er einmal gerade einen Auftritt mit einer ganzen Schar von Schülern hat, nimmt er mich zur Seite: »Hättest du Lust – spontan, denn unser Musiker hat uns gerade sitzen lassen –, die Musik zu meiner nächsten Inszenierung zu machen? Die Premiere ist in drei Wochen. Danach nehmen wir dich mit zum Festival d'Avignon. Bist du verrückt genug, zuzusagen?«

Mein Vertrauen in Giancarlo ist ebenso groß wie mein Wunsch, mit ihm zu arbeiten. Und die Aussicht, zum Theaterfestival nach Avignon zu reisen, die Herausforderung, in so kurzer Zeit die Musik zu einer anderthalbstündigen Veranstaltung zu komponieren und zu inszenieren, reizt mich. Ich schließe mich seiner Truppe an.

Am ersten Probenwochenende bitte ich Giancarlo und sein Ensemble, mir das Stück ein erstes Mal vorzuspielen. Ich schaue lediglich zu. Das Stück von Xavier Durringer überrascht und packt mich.

Beim zweiten Mal streue ich hier und da einige Musikvorschläge ein, beim dritten Durchgang komponiere ich die Musik zu Ende. Giancarlo und ich sind glücklich.

Nach der Premiere in Paris brechen wir nach Avignon auf. Wir spielen während eines Monats jeden Abend. Ich bin im siebten Himmel: Unter der Führung von Giancarlo das Festival in Avignon und seine Traditionen zu entdecken ist ein Glück in jedem Augenblick. Im folgenden Jahr kehren wir mit zwei Stücken und einer größeren Truppe zurück. Ich bin nun kein Gastkünstler mehr, sondern Mitglied des Ensembles.

Die Erfahrungen, die ich mit unserem eigenen Theater gesammelt habe, helfen mir nun dabei, weitere Aufgaben zu übernehmen.

Giancarlo überträgt mir zunehmend mehr Verantwortung, und unsere Freundschaft wird enger. Ich halte ihn für den besten Kapitän und bin stolz, Offizier an Bord seines Schiffes zu sein. Je länger ich ihn beobachte, desto beeindruckter bin ich von der Vielfalt und Tiefe seiner Sachkenntnisse. Er weiß durch emsige Arbeit und stille Empathie das Gold in jedem von uns zutage zu fördern.

Nach dem zweiten Festival d'Avignon kommt unser Programm in die Phase, in der das Stück nur noch aufgeführt wird, und dabei bedarf es immer besonders guter Struktur. Obwohl mir Papierkram eigentlich zuwider ist, werde ich zu seinem Verwalter.

Ich arbeite nun parallel beim Atelier FUSION und den beiden anderen Ensembles sowie eine Woche pro Monat mit Werni, wenn nicht gerade ein Auftritt dazwischenkommt, das ist Ehrensache.

Im Laufe der Jahre verändert sich das Gesicht der Ensembles: Eines schlummert und ein anderes lasse ich ebenso wie die sechs Jahre meines Lebens, die ich dort gearbeitet habe, nach einer großen Meinungsverschiedenheit mit seinem Präsidenten zurück. Aber Giancarlo und ich inszenieren weiterhin gemeinsam Stücke. Es ist nicht immer alles rosig, wir erleiden Krisen, Unfälle, Absagen, Verrat und machen beinahe Bankrott. Aber auch Mut, Selbstlosigkeit, Passion, Dankbarkeit und Erfolg erleben wir.

Unser Band wird durch die gemeinsamen – ob unglückseligen oder freudigen – Erlebnisse noch enger. Heute ist es für uns undenkbar, eine Aufführung ohne den anderen zu planen, und wir haben eigentlich jeden Tag Kontakt. Wir haben ein neues Ensemble gegründet, neue Partner gefunden, uns in die Arbeit gestürzt, alle unsere Mittel investiert, unsere Erfahrung und Kompetenz eingebracht mit dem Ziel, ohne Kompromisse unserer kreativen Tätigkeit nachgehen zu können, den Erfolg zu suchen und vor allem unseren Idealen treu bleiben zu dürfen.

## *Journalismus und Schriftstellerei*

Meinen Papa sehe ich ständig schreiben und Bücher gehören bei uns zu Hause zum natürlichen Umfeld – mir erscheint es im Übrigen auch immer völlig normal, darunter einige von Papa verfasste Werke zu finden.

Von klein auf spiele ich das Schreiben, manchmal sitze ich dazu an Papas Seite.

Ich verfasse unzählige Bände, indem ich Blätter falte und mit Zeichen fülle. Manchmal nähe ich mit Mamas Hilfe die Blätter in der Mitte zusammen, damit daraus »echte« Bücher werden, deren Seiten ich dann mit gleichmäßigen Zickzacklinien und später mit einzelnen Buchstaben bedecke. Begriffe wie Buchdecke, Titel, Vorsatzblatt oder Rückdeckel kenne ich seit jeher.

Wie bereits berichtet, werde ich später über meine jeweiligen Interessengebiete kleine Schriften verfassen, über das antike Rom, über Toco, meinen Lego-Roboter – zu dem ich mir eine ganze Geschichte ausdenke –, über das Metalltreiben, über Autos, die Leica, den Simca 1100, meinen Dragster, die Fotografie ... fast kein Beschäftigungsfeld lasse ich aus, ob es nun von Dauer oder nur vorübergehend ist.

Ich schreibe außerdem zahlreiche Geschichten. Normalerweise mache ich mir die Mühe, die erste Fassung noch einmal in Schönschrift zu übertragen, ja sogar mit der Maschine abzutippen. Ich achte auf das Layout, das Schriftbild und die Verwendung von dickerem Papier für den Einband. Und ich werde nicht müde, mir wieder und wieder mein fertiges Werk anzusehen.

Ebenfalls sehr früh entwickele ich ein Interesse für den Journalismus. Zeitungen, Zeitschriften und Magazine haben es mir immer schon angetan. Papa hat einige abonniert, deren Aufmachung ich sorgfältig studiere, bevor ich überhaupt in der Lage bin, den Inhalt zu entziffern.

Sobald ich schreiben gelernt habe, konzipiere und verfasse ich eine »Familien-Depesche«, die regelmäßig an meine Großeltern versandt wird. Auch hierbei lege ich großen Wert auf eine charakteristische Gestaltung, auf die genaue Einpassung der Fotos (die wir meist am Automaten im Kaufhaus *Bon Marché* machen), auf ein einheitliches Layout und gleichbleibende Rubriken. Ich engagiere Mama als Co-Redakteurin und Eléonore als Illustratorin. Beim Erstellen dieser *Information Familiale* erlebe ich die ersten Male das erhebende Gefühl des Redaktionsschlusses.

Ein paar Jahre später inspiriert mich die Lektüre einiger herrlich altmodischer Schriften zur Gründung der Kinderzeitung *Le petit journal des enfants*, deren einzige Leserin Eléonore ist.

Ich lege mich ins Zeug, um Ideen für Artikel zu finden und sie in einer absichtlich »kindgerechten« Sprache zu verfassen – was angesichts meines eigenen damaligen Alters wirklich amüsant ist –, farbige Illustrationen zu kreieren und die Zeitung pünktlich auszuliefern. Von Zeit zu Zeit macht es mir Vergnügen, das Layout zu »modernisieren« und

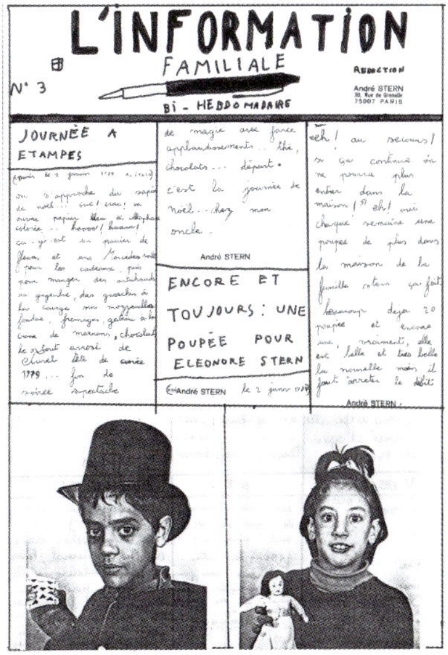

dies mit der Aufschrift »im neuen Gewand« quer über die Titelseite anzukündigen.

Über das mir am Herzen liegende Thema des Metalltreibens gibt es nicht nur das schon beschriebene Themenheft, sondern in meiner journalistischen Phase entwickle ich dazu auch eine komplette Zeitschrift, das *Journal du Dinandier*. Es ist vollständig mit Maschine geschrieben und sorgfältig illustriert; weil es an Lesern fehlt, bleibt es aber bei nur einem Exemplar. Doch alles habe ich vorbereitet: die Werbebroschüre, das Abonnement-Formular, die Zeitung selbst, ja sogar das Streifband mit dem Kästchen für die Adresse des Empfängers und dem Feld für die Briefmarke.

Als ich ungefähr 15 Jahre alt bin, befindet sich meine Leidenschaft für Autos auf dem Höhepunkt. Némo, der ein paar Jahre älter ist als ich, bringt in seinem Bekanntenkreis, bei Familienmitgliedern und Kunden seines Vaters eine kleine Kulturzeitung in Umlauf, die *L'Hebdomadaire* (Das Wochenblatt) heißt. Zunächst bin ich sein Leser und dann schlage ich Némo vor, eine einseitige Beilage zum Thema Auto zu entwerfen. Er ist einverstanden und so beginne ich die *GAZette d'échappement* (ein Wortspiel mit dem französischen Wort für Abgase: »gaz d'échappement«) zu verfassen.

Wieder lege ich bei der grafischen Gestaltung und der Pflege der Rubriken große Sorgfalt an den Tag. Ich entwickele eine druckschriftähnliche Handschrift (auf der, weil sie so gut leserlich ist, meine Erwachsenenhandschrift aufbaut) und arbeite an einem speziellen Sprachduktus und Illustrationsstil.

Dieses Abenteuer nimmt größere Ausmaße an, als ich geahnt habe. Statt der ursprünglich einen Seite umfasst meine *GAZette* bald vier, ja sogar acht Seiten. Das Verfassen der Artikel kostet mich viel Zeit, ebenso wie der Entwurf der Illustrationen. Die Leser stellen sehr spitzfindige Fragen und es ist Ehrensache, dass ich sie beantworte, selbst wenn ich mich lange Stunden mit der Recherche beschäftigen muss. Aber am zeitaufwendigsten war die Gesamtgestaltung: Als fast schon manischer Perfektionist verbringe ich Stunden mit der Übertragung der Artikel in Schönschrift – unregelmäßige oder schiefe Zeilen kann ich nicht hinnehmen. Und sobald die Fotokopien in Schwarz-Weiß vorliegen, fertige ich Schablonen an, um die Illustrationen in Serie zu kolorieren! Dafür muss ich die Bilder aber bereits im Vorfeld wie Ausmalzeichnungen gestalten.

Meine *GAZette* wird zu einer wahren Obsession. Das Ausmaß des Unterfangens, die Anzahl der Rubriken – darunter ein Feuilleton, in dem ich meiner romantischeren Seite freien Lauf lassen kann – führen dazu, dass ich sechs Tage in der Woche daran arbeite, um die wöchentliche Erscheinungsweise zu gewährleisten. Eine

GAZETTE D'ÉCHAPPEMENT

SUPPLEMENT A »L'HEBDOMADAIRE«

N°11 | REDACTION ANDRE STERN 12, RUE DE CASTELLANE 75008 PARIS

SPECIAL RALLYES

...et nos rubriques

SOMMAIRE du N° 11

| | |
|---|---|
| INFAUTO FLASH | Page 2 |
| Rigolauto | Page 2 |
| PRESTIGE dessins et RETRAUTO | Page 2 |
| L'EDITORIAL | Page 2 |
| Feuilleton | Page 3 |
| Special Rallyes: | |
| le principe | Page 3 |
| le pilotage - les voitures | |
| le championnat | Page 4 |

en couverture: la championne du monde 87, la Lancia Delta HF 4wD dans la neige

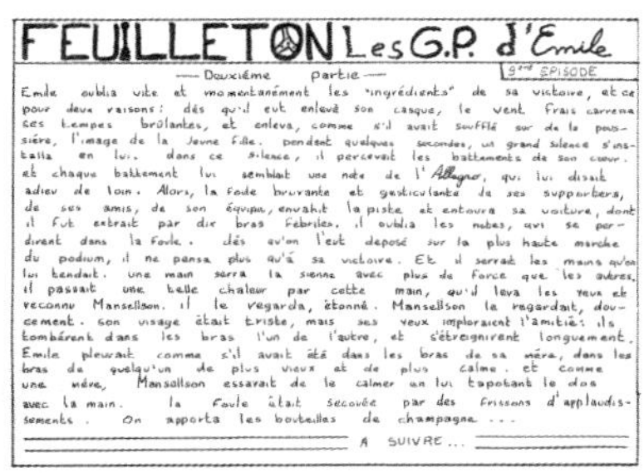

FEUILLETON Les G.P. d'Emile

9ème EPISODE

— Deuxième partie —

Emile oublia vite et momentanément les "ingrédients" de sa victoire, et ce pour deux raisons: dès qu'il eut enlevé son casque, le vent frais caressa ses tempes brûlantes, et enleva, comme s'il avait soufflé sur de la poussière, l'image de la jeune fille. pendant quelques secondes, un grand silence s'installa en lui. dans ce silence, il percevait les battements de son coeur. et chaque battement lui semblait une note de l'Allegro, qui lui disait adieu de loin. Alors, la foule hurlante et gesticulante de ses supporters, de ses amis, de son équipe, envahit la piste et entoura sa voiture, dont il fut extrait par dix bras fébriles. il oublia les nubes, qui se perdirent dans la foule. dès qu'on l'eut déposé sur la plus haute marche du podium, il ne pensa plus qu'à sa victoire. Et il serrait les mains qu'on lui tendait. une main serra la sienne avec plus de force que les autres. il passait une telle chaleur par cette main, qu'il leva les yeux et reconnu Mansellson. il le regarda, étonné. Mansellson le regardait, doucement. son visage était triste, mais ses yeux imploraient l'amitié: ils tombèrent dans les bras l'un de l'autre, et s'étreignirent longuement. Emile pleurait comme s'il avait été dans les bras de sa mère, dans les bras de quelqu'un de plus vieux et de plus calme. et comme une mère, Mansellson essayait de le calmer en lui tapotant le dos avec la main. la foule était secouée par des frissons d'applaudissements. On apporta les bouteilles de champagne...

A SUIVRE...

SPECIAL RALLYES

le principe

Le long parcours d'un Rallye est divisé en plusieurs Etapes d'une Journée chacune. Par exemple: 1ère Journée, départ le matin de A, arrivée le soir à B. 2ème Journée: départ de B, arrivée à C, etc. une étape comptant environ 600 kms, il est évident que, vu leur style de pilotage, les pilotes ne peuvent la parcourir d'une seule traite. les Etapes sont donc divisées en petits tronçons, appellés Epreuves Spéciales Chronométrées. Chronométrée, car l'un après l'autre, chaque pilote parcourt l'Epreuve Spéciale le plus vite que lui permettent sa voiture et/ou son talent. le chronomètre est là pour dire quel pilote a mis le moins de temps dans chaque Epreuve Spéciale, donc qui est allé le plus vite. En fait, le Rallye est divisé (en dehors des Etapes) en une multitude d'Epreuves Spéciales, et il est évident que le pilote qui a mis le moins de temps à parcourir toutes les Epreuves Spéciales reunies, c'est-à-dire tout le parcours, a gagné le Rallye.
Je l'ai dit et je le répète, les pilotes parcourent les Epreuves Spéciales l'un après l'autre: de nouveau, vu leur style de pilotage et l'étroitesse quasi générale des routes choisies, si tous les pilotes réalisaient leur prouesses ensembles, cela ferait tout drôle: il ne faut surtout

3

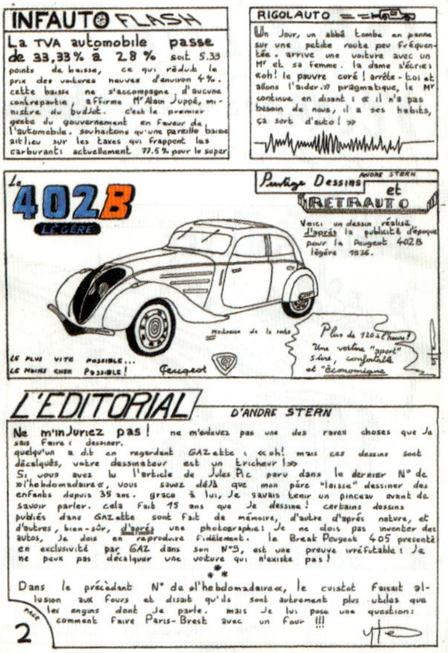

INFAUTO FLASH

La TVA automobile passe de 33,33% à 28% soit 5.33 points de baisse, ce qui réduit le prix des voitures neuves d'environ 4%. cette baisse ne s'accompagne d'aucune contrepartie, affirme Mr Alain Juppé, ministre du budJet. c'est le premier geste du gouvernement en faveur de l'automobile. souhaitons qu'une pareille baisse ait lieu sur les taxes qui frappent les carburant: actuellement 77.5% pour le super

RIGOLAUTO

Un Jour, un abbé tombe en panne sur une petite route peu fréquentée. arrive une voiture avec un Mr et sa femme. la dame s'écrie: «oh! le pauvre curé! arrête-toi et allons l'aider.» pragmatique, le Mr continue en disant: « il n'a pas besoin de nous, il a ses habits, ça sort d'auto! »

Le 402B LÉGÈRE

Partage Dessins ANDRE STERN et RETRAUTO

Voici un dessin réalisé d'après la publicité d'époque pour la Peugeot 402B légère 1936.

Maîtresse de la route

Plus de 120 à l'heure! Une voiture "sport" sûre, confortable et "économique

LE PLUS VITE POSSIBLE... LE MOINS CHER POSSIBLE!

Peugeot

L'EDITORIAL D'ANDRE STERN

Ne m'inJuriez pas! ne m'enlevez pas une des rares choses que Je sais faire: dessiner.
quelqu'un a dit en regardant GAZette: «oh! mais ces dessins sont décalqués, votre dessinateur est un tricheur!»
Si vous avez lu l'article de Jules Pic paru dans le dernier N° de »l'hebdomadaire«, vous savez déJà que mon père "laisse" dessiner des enfants depuis 35 ans. grace à lui, Je savais tenir un pinceau avant de savoir parler. cela fait 15 ans que Je dessine! certains dessins publiés dans GAZette sont fait de mémoire, d'autre d'aprés nature, et d'autres, bien-sûr, d'aprés une photographie: Je ne dois pas inventer des autos, Je dois en reproduire fidèlement. la Break Peugeot 405 presenté en exclusivité par GAZ dans son N°9, est une preuve irréfutable: Je ne peux pas décalquer une voiture qui n'existe pas!

***

Dans le précèdent N° de »l'hebdomadaire«, le cuistot faisait allusion aux fours et disait qu'ils sont autrement plus utiles que les engins dont Je parle. mais Je lui pose une question: comment faire Paris-Brest avec un four!!!

PAGE 2

GAZETTE D'ÉCHAPPEMENT

SUPPLEMENT A »L'HEBDOMADAIRE«

N°13 REDACTION: ANDRE STERN 12, rue de Castellane 75008 PARIS

DOSSIER: LE DIESEL

3 05

GAZOL

notre feuilleton

le moteur DIESEL EN HIVER

SOMMAIRE du N° 13

| | | | |
|---|---|---|---|
| Courrier - petites annonces | Page 2 | Dossier: Le DIESEL. | |
| INFAUTO FLASH | Page 2 | la technique | Page 4 |
| Rigolauto | Page 2 | les avantages | |
| L'EDITORIAL | Page 2 | En hiver... | |
| FEUILLETON | Page 3 | numero à 4 pages, en couleurs. | |

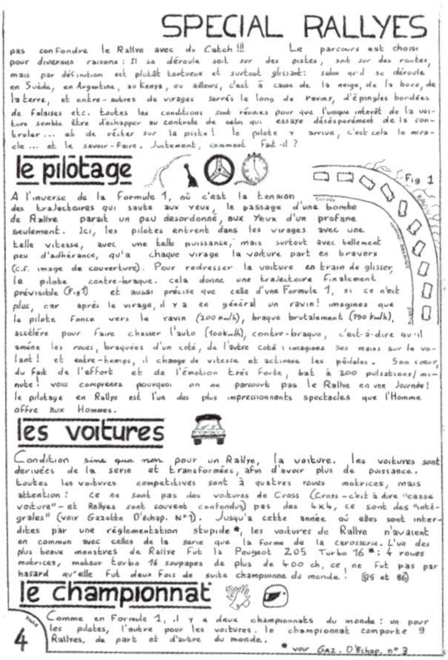

SPECIAL RALLYES

pas confondre le Rallye avec du Catch!!! Le parcours est choisi pour diverses raisons: Il se déroule soit sur des pistes, soit sur des routes, mais par définition est plutôt tortueux et surtout glissant: selon qu'il se déroule en Suède, en Argentine, au Kenya, ou ailleurs, c'est à cause de la neige, de la boue, de la terre, et entre-autres de virages serrés le long de ravins, d'épingles bordées de falaises etc. toutes les conditions sont réunies pour que l'unique intérêt de la voiture semble être d'échapper au controle de celui qui essaye désespérément de la controler... et de rester sur la piste! le pilote y arrive, c'est cela le miracle... et le savoir-faire. Justement, comment fait-il?

le pilotage

Fig 1

A l'inverse de la Formule 1, où c'est la tension des trajectoires qui saute aux yeux, le passage d'une bombe de Rallye parait un peu desordonné, aux yeux d'un profane seulement. Ici, les pilotes entrent dans les virages avec une telle vitesse, avec une telle puissance, mais surtout avec tellement peu d'adhérance, qu'à chaque virage la voiture part en travers (c.f. image de couverture). Pour redresser la voiture en train de glisser, le pilote contre-braque. cela donne une trajectoire finalement prévisible (Fig1) et aussi précise que celle d'une Formule 1, si ce n'est plus, car après le virage, il y a en général un ravin! imaginez que le pilote fonce vers le ravin (200 km/h), braque brutalement (190 km/h), accélère pour faire chasser l'auto (100km/h), contre-braque, c'est-à-dire qu'il amène les roues, braquées d'un coté, de l'autre coté: imaginez ses mains sur le volant! et entre-temps, il change de vitesse et actionne les pédales. Son coeur, du fait de l'effort et de l'émotion très forte, bat à 200 pulsations/minute! vous comprenez pourquoi on ne parcourt pas le Rallye en une Journée! le pilotage en Rallye est l'un des plus impressionnants spectacles que l'Homme offre aux Hommes.

les voitures

Condition sine qua non pour un Rallye, la voiture. les voitures sont derivées de la serie et transformées, afin d'avoir plus de puissance. toutes les voitures competitives sont à quatres roues motrices, mais attention: ce ne sont pas des voitures de Cross (Cross – c'est à dire "casse voiture" – et Rallyes sont souvent confondus) pas des 4x4, ce sont des "intégrales" (voir Gazette D'échap. N°7). Jusqu'à cette année où elles sont interdites par une réglementation stupide*, les voitures de Rallye n'avaient en commun avec celles de la serie que la forme de la carosserie. L'un des plus beaux monstres de Rallye fut la Peugeot 205 Turbo 16*: 4 roues motrices, moteur turbo 16 soupapes de plus de 400 ch, ce n'est fut pas par hasard qu'elle fut deux fois de suite championne du monde! (85 et 86)

le championnat

Comme en Formule 1, il y a deux championnats du monde: un pour les pilotes, l'autre pour les voitures. le championnat comporte 9 Rallyes, de part et d'autre du monde.

* voir GAZ. D'Échap. n° 3

PAGE 4

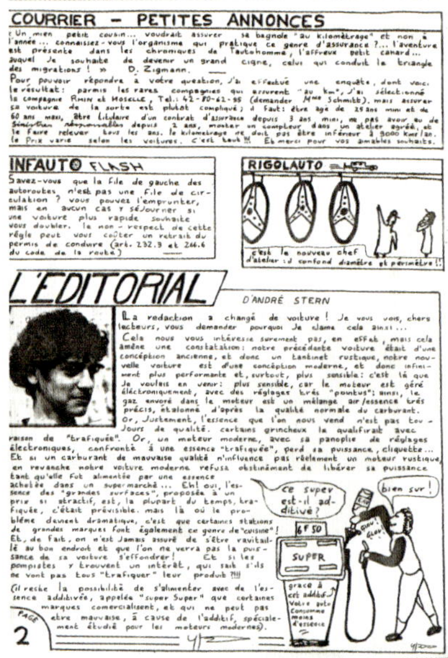

COURRIER – PETITES ANNONCES

«Un mien petit cousin... voudrait assurer sa bagnole "au kilomètrage" et non à l'année... connaissez-vous l'organisme qui pratique ce genre d'assurance?... l'aventure est présente dans les chroniques de l'autohomme, l'affreux petit canard... auquel Je souhaite de devenir un grand cigne, celui qui conduit le triangle des migrations!» D. Zigmann.

Pour pouvoir répondre à votre question, J'ai effectué une enquête, dont voici le résultat: parmis les rares compagnies qui assurent "au km", J'ai sélectionné la compagnie RHIN et MOSELLE, Tel.: 42-80-62-95 (demander Mme Schmitt). mais assurer sa voiture de la sorte est plutot compliqué; il faut: être agé de 25 ans mini et de 60 ans maxi, être titulaire d'un contrat d'assurance depuis 3 ans mini, ne pas avoir eu de sinistres responsables depuis 2 ans, monter un compteur dans un atelier agréé, et le faire relever tous les ans. le kilometrage ne doit pas être inférieur à 9000 kms/an. le prix varie selon les voitures. C'est tout!!! Et merci pour vos amables souhaits.

INFAUTO FLASH

Savez-vous que la file de gauche des autoroutes n'est pas une file de circulation? vous pouvez l'emprunter, mais en aucun cas y séJourner si une voiture plus rapide souhaite vous doubler. le non-respect de cette règle peut vous coûter un retrait du permis de conduire (art. 232.3 et 266.6 du code de la route)

RIGOLAUTO

c'est le nouveau chef d'atelier: il confond diamètre et périmètre!

L'EDITORIAL D'ANDRÉ STERN

La redaction a changé de voiture! Je vous vois, chers lecteurs, vous demander pourquoi Je clame cela ainsi...
Cela nous vous intéresse surement pas, en effet, mais cela amène une constatation: notre précédante voiture était d'une concéption ancienne, et donc un tantinet rustique, notre nouvelle voiture est d'une concéption moderne, et donc infiniment plus performante et, surtout, plus sensible: c'est là que Je voulais en venir: plus sensible, car le moteur est géré éléctroniquement, avec des réglages très "pointus": ainsi, le gaz envoyé dans le moteur est un mélange air/essence très précis, étalonné d'après la qualité normale du carburant. Or, Justement, l'essence que l'on nous vend n'est pas touJours de qualité. certains grincheux la qualifirait avec raison de "trafiquée". Or, un moteur moderne, avec sa panoplie de réglages électroniques, confronté à une essence "trafiquée", perd sa puissance, cliquette... Et si un carburant de mauvaise qualité n'influence pas réelement un moteur rustique, en revanche notre voiture moderne refusa obstinément de libérer sa puissance tant qu'elle fut alimentée par une essence achetée dans un supermarché... Eh! oui, l'essence des "grandes surfaces", proposée à un prix si atractif, est, la plupart du temps, trafiquée, c'était prévisible. mais là où le problème devient dramatique, c'est que certaines stations de grandes marques font également ce genre de "cuisine"! Et, de fait, on n'est Jamais assuré de s'être ravitaillé au bon endroit et que l'on ne verra pas la puissance de sa voiture s'effondrer! Et si les pompistes y trouvent un intérêt, qui sait s'ils ne vont pas tous "trafiquer" leur produit ?!!!
(il reste la possibilité de s'alimenter avec de l'essence additivée, appelée "super Super" que certaines marques comercialisent, et qui ne peut pas etre mauvaise, à cause de l'additif, spécialement étudié pour les moteurs modernes).



PAGE 2

Pause gönne ich mir nur mittwochs, dem Tag, an dem die Zeitung offiziell erscheint. Zum ersten Mal erfahre ich, was echter Stress bedeutet.

Auch Némo kommt ziemlich außer Puste, sodass wir schließlich zu einem zweiwöchentlichen Rhythmus übergehen. Und irgendwann schläft die Zeitung mit einer letzten einsamen Ausgabe der *GAZette d'échappement* ein. Ich bin gerührt und auch ein wenig stolz, wenn ich heute daran zurückdenke.

Hier zeige ich Ihnen übrigens einige Seiten ...

Einige Zeit später findet unser erster Bühnenauftritt statt. Meine Leidenschaft für Musik, die bis dahin genauso viel Raum eingenommen hat wie jene für Autos, tritt von nun an in den Vordergrund.

Zwei oder drei Jahre lang beschränkt sich das Schreiben auf einige Zeilen oder Seiten in meinem Tagebuch. (Seit ich im Januar 1986 damit beginne, vergeht kein Tag, an dem ich die Ereignisse und Gefühle, die mich bewegen, dort nicht knapp festhalte.)

Erst als ich nach meinem ersten großen Liebeskummer bei Wernis Familie lebe, beginne ich wieder mit dem Schreiben.

Eigentlich habe ich nur im Sinn, diese emotional stürmische Zeit in eine fiktionale Form zu bringen. Innerhalb einiger Wochen wohne ich dann der Entstehung einer Geschichte, einer Landschaft, einer kleinen Utopie bei, bei der ich mich eher wie ein Berichterstatter und manchmal wie ein erstaunter Zuschauer fühle. Wie beim Komponieren beschlagnahmt mich etwas, das meine Arbeit als Vehikel nutzt, um etwas in eine fassbare Form zu bringen, das dann überhaupt nicht mein Geschöpf ist. Ohne mir groß Gedanken darüber zu machen, wie es weitergehen soll, beginne ich, mein Manuskript abzutippen. Dazu nutze ich den ersten Computer, den unsere Familie gerade bekommen hat.

Selbst abgetippt umfasst mein Manuskript noch 200 Seiten. Ich bin platt. Als ich das Manuskript gerade fertiggeschrieben habe, belagert eine andere Idee meinen Kopf: Ich setze mich an den Computer und tippe eine neue Geschichte, diesmal direkt und in einem Zug, wobei ich mit Erstaunen feststelle, dass sich mir ein bestimmter Stil aufdrängt. Im Gegensatz zu meinen Schreibversuchen als Jugendlicher habe ich jetzt das Gefühl, dass dieser Stil, der bestimmt von meiner Liebe zu Proust, Balzac, Camus und vielen anderen Schriftstellern beeinflusst ist, diese nicht mehr nur linkisch imitiert.

Während ich an dieser zweiten Geschichte arbeite, wird mir klar, dass sie sich zu einer Fortsetzung der ersten entwickelt. Also konzentriere ich mich darauf, sowohl die Verknüpfungen als auch die Eigenständigkeit herauszuarbeiten, damit man die beiden Geschichten unabhängig voneinander ebenso wie nacheinander gut lesen kann.

Ich habe also zum Schreiben zurückgefunden. Jeden Tag schicke ich Werni und seiner Familie eine Seite per Fax, auf der ich ihnen in deutscher Sprache von meinem Alltag und meinen Gefühlen berichte.

Diese Faxnachrichten sind eine Art öffentliche und sorgfältigere Variante meines Tagebuchs.

Ich verfasse außerdem zwei lange Artikel über Werni für die Presse in Graubünden. Und wenig später formuliere ich die Texte für Wernis Internetauftritt. Diese Texte müssen nicht nur prägnant und zugänglich sein, sondern auch Wernis und Cecilias Vorstellungen entsprechen. Das ist eine Herausforderung, die mir Spaß macht, ebenso wie die unzähligen Überarbeitungen.

Auf Deutsch zu schreiben nimmt einen guten Teil der Zeit in Anspruch, die mir neben der Musik, dem Theater sowie den Aufführungen noch bleibt. Während der Proben kommt es vor, dass ich in jeder Pause in Gedanken an den Sätzen feile, die in mir gären oder in der Warteschleife verharren.

Eines Abends erhalte ich ein Fax von Guinevere, einer jungen Filmemacherin und Autorin. Sie hat mich in einer Sendung des Schweizer Fernsehens gesehen und will mir einige Fragen stellen. So beginnt ein großes Schreibabenteuer.

Was als einfache Korrespondenz anfängt, entwickelt sich zu einem Briefepos. Obwohl wir beide ein ausgefülltes Berufsleben haben, eilen wir jeden Morgen an unsere Computer, um zu lesen, was der jeweils andere geschrieben hat. Den ganzen Tag über brüten wir die Antworten aus, deren Niederschrift dann bis spät in die Nacht dauert. Ich fühle mich ungemein geschmeichelt, dass Guinevere dieses fieberhafte, ungestüme Spiel mit mir teilt.

Diese für uns beide so unerwartete Flut an Nachrichten verebbt an dem Tag, als wir uns treffen; oder wer weiß, vielleicht war es auch andersherum? In den folgenden Jahren widme ich mich der Abfassung zweier weiterer Bände meiner – wie ich sie nenne – »Quadrilogie« und dem prosaischeren Verfassen von verschiedenen kleinen Artikeln und Schriften auf Deutsch.

Dank Guinevere verliebe ich mich später in eine moderne Form des öffentlichen Schreibens: im Internet-Forum. Ich stelle eines Abends eher zufällig fest, dass die Leser von Guineveres wöchentlicher Rubrik in einem solchen ihre Texte kommentieren und mithin ihren eigenen Alltag. Die Wortwechsel sind brillant. Ich halte mich erst einmal am Rand dieses Mikrokosmos und mache mir ein Bild von den Gepflogenheiten, um mich schließlich auch selbst an dem Forum zu beteiligen, wobei ich ein sehr bedeutungsschwangeres Pseudonym und eine ganze metaphorische Geschichte dahinter erfinde und mich mit Ausdauer dort einniste. Nun erlebe ich dieselbe Ungeduld, dieselbe erwartungsvolle Spannung wie zu Zeiten meiner Korrespondenz mit Guinevere; nur bleibe ich vollkommen anonym, während das Geschriebene öffentlich ist.

Ich beteilige mich nicht lange aktiv an dem Forum, aber ich habe Gefallen an dieser Form der Kommunikation gefunden. Sie lässt in mir die Liebe zum Journalismus wieder aufleben und langsam schleicht sich der noch vage Gedanke ein, einige meiner Lieblingsgebiete miteinander zu verbinden: die Musik, die Gitarre, das Schreiben, den Journalismus, die Computerwelt, das Internet ...

Bald kann ich einmal mehr feststellen, dass das Erwachen eines neuen Interesses jenen sonderbaren Prozess auslöst, den ich bereits an früherer Stelle beschrieben habe: Ohne dass ich es bemerke, konspiriert das gesamte Universum, um mir schließlich ein greifbares Angebot zu präsentieren. Ich stoße auf ein anderes, diesmal französischsprachiges Forum, in dem es um die Gitarre geht. Ich fühle mich dort umgehend wohl und nehme erfreut Quartier.

Neben dem Genuss, öffentlich zu kommunizieren und über mein geliebtes Instrument zu schreiben, finde ich es auch schön, anderen passionierten Gitarristen unterschiedlichster Hintergründe Beistand leisten zu können.

Drei Monate lang bemühe ich mich, auf alle Fragen zu antworten, an Form und Inhalt aller meiner Beiträge sorgfältig zu feilen, einen

Kodex zu schaffen, der auf Genauigkeit, Klarheit und der Vermeidung von apriorischen Aussagen beruht. Ich grübele Stunden über manchen Gedanken, überarbeite jeden Text mehrmals, suche nach passenden Illustrationen, füge sie mit Kommentaren versehen ein.

Das Forum ist per se ein kosmopolitischer Treffpunkt für Gitarristen unterschiedlicher Herkunft, aller Altersstufen und jeden Niveaus; man hat mit den verschiedensten Gitarrenarten und mit dementsprechend unterschiedlichen Musikrichtungen zu tun. Ich finde dort das ideale Terrain, um gegen die absurde Lagerbildung anzugehen, auf die so viele Gitarristen eifersüchtig bedacht sind und worüber sie vergessen, dass die Gitarre historisch betrachtet das zwitterhafteste, wandlungsfähigste und vielfältigste Instrument überhaupt ist.

Den Rassismus zwischen den Gitarrenfamilien zu beseitigen, die Trennwände zwischen Anfängern und Fortgeschrittenen einzureißen, Brücken zwischen den Generationen zu bauen, den Amateuren und Berufsgitarristen zu ermöglichen, voneinander zu profitieren und manches zu entmythisieren, das ist meine Arbeit.

Das Moderatorenteam wird darauf aufmerksam. Drei Monate nach meinem Beitritt zu der Gemeinschaft erhalte ich Post von Didier, dem Chefredakteur des Magazins, der das Forum betreibt. Er schlägt mir vor, in seinem Team mitzuarbeiten. Auf unerwartete Weise verwirklicht sich so ein Kindheitstraum: Ich bin im siebten Himmel.

Ich veröffentliche einige Artikel, und dann unterbreitet mir Didier den Vorschlag, zusätzlich einen monatlichen Kurs zu geben. Auf diese Weise kann ich meinen Übungskanon um die Möglichkeiten multimedialer Technik erweitern. Die im Forum begonnene Arbeit findet in der Tätigkeit für das Magazin Kontinuität und einen regelmäßigen Rhythmus.

Einige Monate später werde ich Mitglied des Redaktionsstabs, und als Didier zum Direktor des Unternehmens wird, ernennt er mich zum Chefredakteur.

## Die Grundtechniken

Lesen, Schreiben und Rechnen sind zweifelsohne die Grundtechniken der westlichen Kultur.

Ohne die Fertigkeit des Lesens wären die individuellen Lernprozesse, die ich im Verlauf dieses Buches beschrieben habe, natürlich nicht möglich gewesen.

Doch gerade diese drei Grundtechniken lassen sich durch ihre Allgegenwart auf besonders natürliche Art erlernen, ohne dass es eines Eingreifens bedarf. Wir alle haben unsere Muttersprache auf unsere je eigene Weise und nach unserem eigenen Rhythmus erlernt, so wie wir auch laufen oder den in unserer Kultur üblichen Einsatz von Mimik und Gestik gelernt haben: ohne Methode oder Anleitung von außen, mittels simpler Beobachtung, aufmerksamen Zuhörens, fröhlicher Nachahmung der Umwelt.

Setzte man Sie inmitten eines Stammes, der eine fremde Sprache spricht, aus, würden Sie diese Sprache innerhalb weniger Monate verstehen und sprechen – auch wenn es dort keine Schrift gibt, keine Schule und keine Lektion Nr. 1.

Niemand staunt darüber, dass Sie Ihre Muttersprache implizit auf Ihre Art und Weise, nach Ihrem Rhythmus im Schoß der Familie erlernt haben.

Warum sollte man es also verwunderlich finden, dass ich auf genau diese Art und Weise lesen und schreiben gelernt habe?

Viele Eltern berichten, dass ihre Kinder lesen können, bevor sie eingeschult werden, obwohl sie selbst es ihnen nicht beigebracht haben. Erstaunlicherweise führt diese Feststellung – die belegt, dass ich kein Einzelfall bin – nicht zu dem Gedanken, dass die Entwicklungen in allen anderen Bereichen früher oder später ebenso stattfinden können, wenn man ein Kind in Freiheit sein Netz aus Begegnungen und Entdeckungen knüpfen ließe.

Warum geht man ganz selbstverständlich davon aus, dass sich die Fähigkeit, eigenständig zu lernen, auf das Gehen, Sprechen und Lesen beschränkt?

## *Eier und Eierbecher*

Als ich etwa drei Jahre alt bin, rufe ich, nachdem ich konzentriert eine beschriebene Seite betrachtet habe, laut aus: »Oh, da sind Eier und Eierbecher!«

Mama und Papa kommen neugierig herbei und ich deute mit dem Finger auf die Buchstabenkombination »C« und »O«.

C und O sind also die ersten Schriftzeichen, die ich kennenlerne. Wahrscheinlich bin ich der einzige Mensch auf Erden, der auf diese Weise mit dem Lesen begonnen hat, und es erschiene Ihnen gewiss abwegig, allen Kindern weltweit eine Lernmethode aufzuzwingen, die mit C und O beginnt – aber was ist dann mit den Methoden, die mit A und B beginnen!?

Wenn ich beschreibe, wie ich die Grundtechniken erlernt habe, dann deshalb, um zu unterstreichen, dass es ebenso viele Lernweisen wie Individuen gibt. So natürlich mein Vorgehen für mich war – es ist keinesfalls übertragbar; ebenso wenig wie irgendeine andere Methode.

Bald danach stelle ich fest, dass es Eier ohne Eierbecher und Eierbecher ohne Eier gibt, dann entdecke ich die Eier mit Schwänzchen (Q) und Schwänzchen ohne Eier (I) usw.

Ich will wissen, was es damit auf sich hat, und man erklärt es mir ohne Umschweife. Als ich die Aufgabe der Zeichen verstanden habe, will ich den Namen jedes einzelnen wissen und welchem Laut es entspricht.

Mein erstes Spiel besteht darin, bestimmte Buchstaben zu finden. Dabei bemerke ich, dass es Gruppen von Buchstaben gibt, und man erklärt mir wieder ganz schnörkellos, was es damit auf sich hat.

Auf diese Weise gelingt es mir mit drei Jahren, Worte zu entziffern. Es wird sogar zu einer meiner Lieblingsbeschäftigungen. Überall begegne ich Worten und bemühe mich, sie zu entschlüsseln wie zum Beispiel das Wort »Buch«: »lll ... llliii ... llliiivvv ... llliiivvvrrr ... llliiivvvrrreee ... livre!«

Papa und Mama bestätigen schlicht, was ich entziffert habe. Niemand gibt einen Kommentar ab, applaudiert oder ergeht sich in begeisterten Bravo-Rufen. Ebenso versucht niemand, mir einen anderen Rhythmus, ein anderes Wort, eine andere Herangehensweise nahezulegen.

Und niemand zeigt sich alarmiert, als meine Lesefähigkeit viele Jahre zu stagnieren scheint, fünf Jahre, sechs Jahre, acht Jahre ... Andere hätten sich die Haare gerauft und sich gefragt: »Ob André wohl jemals lesen kann?« Sie hätten ein Problem daraus gemacht, mich pathologisiert, das Thema wäre zur Familienobsession geworden. Papa und Mama dagegen sind voller Zuversicht. Um auch den leisesten Zweifel auszuräumen, genügen ein Blick auf meinen florierenden Alltag und die Beobachtung, dass ich auf meinen jeweiligen Interessengebieten mit unerschütterlicher Kraft lerne.

Hinzu kommt, dass sie nicht Gefahr laufen wollen, aus Unwissenheit einen unsichtbaren Prozess zu zerstören. Und wie recht sie haben!

Mit etwa acht Jahren – ich erinnere mich, als wäre es gestern gewesen – schlage ich Beatrix Potters kleinen Band *Die Geschichte von den Flopsi-Häschen* auf und lese ihn ohne Weiteres fließend laut vor. Mama hat mir die Geschichte tausendmal vorgelesen, ich bewege mich also nicht auf Neuland. Dennoch bin ich selbst verdutzt angesichts der Leichtigkeit, mit der ich die Wörter »erspüre«, wenn ich sie sehe. Ich entziffere sie nicht mehr, sondern ich sehe ihren Klang.

Ich greife zu einem anderen Buch von Beatrix Potter: *Die Geschichte von Jemima Pratschel-Watschel.* Dieses kenne ich wirklich nicht auswendig, aber erneut kann ich die Geschichte vollkommen

flüssig lesen. Der Reifeprozess hat verborgen und lautlos in meinem Inneren stattgefunden. Die neue Fähigkeit entzückt mich und ich stelle sie mit weiteren Büchern, die ich wahllos herausgreife, auf die Probe.

Das erste »richtige« Buch, das ich einige Tage später lese, ist *Ein zum Tode Verurteilter ist entflohen* von André Devigny. Papa hat mir die Geschichte in groben Zügen einige Jahre zuvor erzählt, und sie fasziniert mich so, dass ich mir wie der Autor aus Stoff und Draht einen Strick bastle. Ich bezweifle allerdings, dass die Schulbehörden das Buch auf die Empfehlungsliste für die erste Lektüre gesetzt haben.

Als Nächstes nehme ich mir *Aus den Erinnerungen eines Esels* der Comtesse de Ségur vor – wie es weitergeht, wissen Sie bereits.

## Mathematische Grundprinzipien

Für die höhere Mathematik bedarf es zweifellos einer speziellen Unterweisung, doch das Gefühl für die Mathematik verfestigt sich ganz von selbst. Wie bereits erwähnt, erschlossen sich mir die Grundprinzipien des Addierens, Multiplizierens und Dividierens bei der Beschäftigung mit Legosteinen. Doch meine Eltern berichten, dass ich bereits sehr viel früher mit dem Rechnen begonnen habe, auch wenn ich mich selbst nicht daran erinnere: Im Alter von ungefähr vier Jahren sitze ich am Tisch, betrachte meine Hände und sage: »Fünf ist die Hälfte von zehn.« Dann knicke ich die Daumen ein und setze meine Betrachtungen fort: »Vier ist die Hälfte von acht.« Indem ich fortfahre, gleichzeitig die entsprechenden Finger der beiden Hände zu krümmen, beende ich mein Experiment: »Drei ist die Hälfte von sechs, zwei ist die Hälfte von vier, eins ist die Hälfte von zwei.«

Interessanterweise nähere ich mich somit dem Rechnen über das Dividieren. In der Schule wird Millionen von Kindern – die potenziell alle einer unterschiedlichen Logik folgen – lediglich ein Einstieg über die Addition geboten.

Während einiger Jahre sammele ich dann in alltäglichen Situationen eine große Menge mathematischer Grundwerkzeuge. Ich schnappe beispielsweise einen Satz während eines Gespräches auf: »Fünf mal fünf ist 25.« Oder ich stelle eigene Beobachtungen an: Die Zahl »quatre-vingt« – 80 – umfasst tatsächlich vier mal 20. Von »20 Prozent« – im Französischen »pour cent«, also von 100 – kann man weiter auf »zehn von 50« oder »eins von fünf« schließen. Und wenn Mama vier Eier zum Kochen verwendet, bleiben immer noch zwei in dem Sechserkarton. Beim Einkaufen ist das Wechselgeld, das der Händler zurückgibt, für mich von höchstem Interesse. Und manchmal erklärt mir jemand einen kleinen Trick, zum Beispiel, dass es beim Multiplizieren mit acht oder neun einfacher ist, die Zahl zehn zu verwenden und dann zu subtrahieren …

Im Laufe der Zeit entwickele ich das Bedürfnis nach weiteren mathematischen Kenntnissen. Ich sehe Mama oft auf einem Zettel Zahlen addieren. Auf meine Frage hin erklärt sie mir, wie sie dabei vorgeht. Das Spiel gefällt mir und eine Weile addiere ich bei jeder Gelegenheit: beispielsweise die Preise der Produkte im Supermarkt, wenn wir einkaufen gehen, weshalb es manchmal etwas dauern kann, bis wir zur Kasse kommen.

Mama zeigt mir auch, wie sie subtrahiert oder multipliziert, aber da es für diese Rechenarten in meinem Alltag kaum praktische Anwendung gibt, finde ich keinen Gefallen daran und lasse sie links liegen.

Später eigne ich mir in der Praxis die geometrischen Berechnungsmethoden an, die ich für die Dinanderie benötige, und dann die mathematischen Kenntnisse, die zur Beherrschung bestimmter optischer Gesetzmäßigkeiten bei der Fotografie erforderlich sind.

Mein Interesse für Algebra wird etwas später durch meine dauerhafte Beschäftigung mit Mechanik, Werkzeugen und Computern geweckt. Die beiden Menschen, die mich, wie zuvor erwähnt, darin einführen – mein Onkel und ein englischer Freund –, erkennen schnell, dass ich alle Beispiele, die mit Situationen und Beschäftigungen meines Alltags in Zusammenhang stehen, mühelos aufnehmen kann.

## *Schreiben*

Das erste Werkzeug, das ich in die Hand nehme, ist ein Stift. Ich kann ihn noch kaum halten, da beginne ich schon zu zeichnen: auf weiße Blätter, die man mir hinlegt und die ausgetauscht werden, sobald ich sie gefüllt habe; niemals wird aus Sparsamkeit ein Blatt einfach umgedreht.

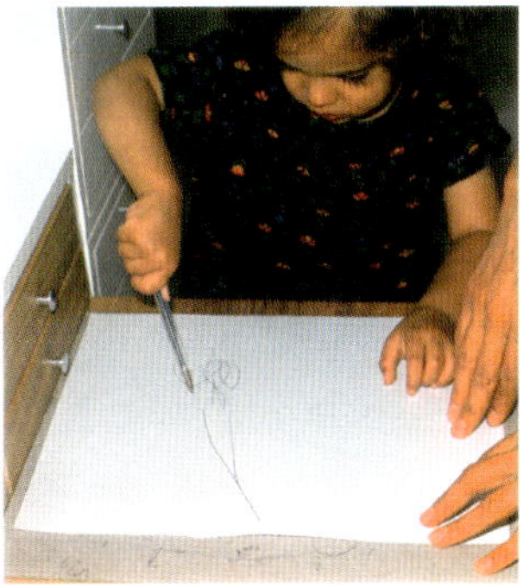

Diese Beschäftigung wird sehr ernst genommen. Ich setze mich an meinen kleinen Schreibtisch, und es beginnt das immer selbe Ritual. Meine Eltern sind in meiner Nähe, um mir Blätter hinzulegen oder die fertigen Zeichnungen wegzuräumen. Sie widmen mir ihre volle Aufmerksamkeit, doch selbstverständlich ohne mein Tun zu kommentieren oder zu beeinflussen. Ich spüre ihre Gegenwart, ohne ihre Aufmerksamkeit erregen zu müssen. Sobald ich dieses Spiel beendet habe, wird der Stift weggeräumt und ich gehe zu anderen Dingen über.

Wie mein Vater in seinen Büchern erklärt, besteht das Zeichen- und Malspiel kleiner Kinder, sofern es vollkommen respektiert wird, darin, sich beständig mit »Erstfiguren« zu beschäftigen, die sich ihnen allen ausnahmslos aufdrängen.

Nun ist es in der Tat so, dass die Buchstaben des lateinischen Alphabets sämtlich mit den Erstfiguren verwandt sind. Ebenso wie ein Kind ab einem gewissen Entwicklungsstadium mit den Ähnlichkeiten spielt, die es zwischen den Erstfiguren und den Gegenständen in seinem Umfeld feststellt, so findet es auch die Ähnlichkeit zwischen den Buchstaben des Alphabets und den vertrauten Figuren ungemein unterhaltsam.

Für mich gibt es verschiedene Varianten des Spiels. Zum einen bereitet es mir Vergnügen, die Buchstaben zu kombinieren und herauszufinden, welcher Klang sich daraus ergibt. Da es mir normalerweise – aus gutem Grund – nicht gelingt, diese Kombination einer entsprechenden bekannten Vokabel zuzuordnen, wende ich mich an die »Großen«, die daraufhin die merkwürdigsten Laute von sich geben. Nebenbei mache ich dabei Bekanntschaft mit einigen neuen, sehr unterhaltsamen Gesellen: den Digraphen.

Im Übrigen macht es mir Spaß, Buchstabe für Buchstabe manche Buchtitel oder Schilder abzuschreiben. Ich weiß noch, wie ich, mit meinem Stift bewaffnet, eine endlose Weile damit verbringe, den vollständigen Titel eines von Papas Büchern auf mein Blatt zu übertragen. Im Anschluss gelang es mir, ihn zu entschlüsseln, und ich war hoch erfreut, dass das Ganze wirklich »etwas bedeutete«.

Ein drittes Spiel besteht darin, Briefchen an meine Großeltern zu schreiben oder alltägliche Nachrichten, wie eine Einkaufsliste oder einen kleinen Gruß, den Papa liest, wenn er heimkehrt.

Für letzteres Spiel gehe ich nach drei unterschiedlichen Methoden vor. Entweder bitte ich Mama, mir ein Wort, das ich schreiben will, zu buchstabieren, oder ich diktiere Mama den gewünschten Satz, damit ich ihn im Anschluss abschreiben kann; etwas später schreibe ich die gesamte Nachricht nach Gehör, bevor ich sie dann von einem »Großen« korrigieren lasse und nochmals ins Reine schreibe. Es ist von größter Wichtigkeit für mich, dass die Nachricht vollkommen fehlerfrei ihren Empfänger erreicht.

Bei allen drei Varianten mache ich angesichts des Unterschiedes zwischen der Übersetzung des Klangs in Schrift, die ich erdenke, und der tatsächlichen Schreibweise, die man mir erklärt, Bekanntschaft mit zwei neuen Begriffen: Orthografie und Grammatik.

An diese beiden muss ich mich erst einmal gewöhnen. Ich habe den Eindruck, dass sie entweder von willkürlichen oder aber von sehr komplizierten und mysteriösen Gesetzen bestimmt werden. Zunächst einmal nehme ich sie also passiv auf.

Doch wenn ich Papa und Mama bitte, die Entwürfe, die ich ins Reine schreiben will, gegenzulesen, nehmen sie sich die Zeit, um mir das Wie und Warum ihrer Korrekturen zu erklären.

Meine Fehler fürchte ich keineswegs – und schon gar nicht als Quelle irgendwelcher Sanktionen. Im Gegenteil, denn sie dienen als Sprungbrett für die unterschiedlichsten Erkenntnisse.

Schritt für Schritt wächst mein Schatz an vertrauten Gegebenheiten und Bezügen. Natürlich habe ich bestimmte Vorlieben: der Infinitiv der ersten Konjugationsgruppe – der Verben auf »-er« –, das »-s« der Pluralendung und Endungen auf »-ent« gehören zu meinen Favoriten der ersten Stunde.

Es ist ein langsamer Prozess. Als ich fließend zu lesen beginne, macht mein Know-how in Sachen Grammatik und Rechtschreibung enorme Fortschritte. Allerdings beginne ich diese beiden Instrumente erst sehr viel später wirklich zu beherrschen, und zwar, als ich Fremdsprachen erlerne. Die Regeln, die ich dabei kennenlerne – insbesondere im Hinblick auf Deutsch und Latein –, werden zu einem soliden Fundament für meine Französischkenntnisse.

## *Fremdsprachen*

Wir Kinder empfanden die Existenz anderer Sprachen von jeher als eine Selbstverständlichkeit, denn Papa sprach mit seinen Eltern Deutsch, wenn sie zu Besuch kamen oder er mit ihnen telefonierte.

Ich verstand nur ein paar Worte, nach deren Übersetzung ich gefragt hatte, aber dank Papas so vertrautem Tonfall war mir der grobe Sinn der Unterhaltung meist klar.

Manchmal empfing Papa ausländische Studentinnen zu Kursen. Sie gingen mit uns in den Park oder in Ausstellungen, und so hatten wir Gelegenheit, Zeit mit Menschen aus einem anderen Sprachraum zu verbringen.

Als ich zehn Jahre alt war, ergab es sich erstmals, wirklich eine Sprache zu erlernen. Ich verbrachte einen Monat bei meinem Bruder Bertrand in seinem Haus bei Köln. Er nahm mich überall mit hin: zu einem befreundeten Glaskünstler, zu den Gesangsproben seiner Lebensgefährtin und zu den Proben seines Trios; auf die Kirmes; zu seinen Vorträgen; zu einem befreundeten Modellbau-Liebhaber; in ein Café, in dem ein Zauberkünstler auftrat ... Ich sah zu, wenn Bertrand sich um seine Bienen kümmerte, lernte auf seinem Mofa zu fahren, kümmerte mich mit Eifer um den Hühnerstall und seine Bewohnerinnen, und abends spielte ich mit den Kindern und Jugendlichen aus dem Dorf.

Niemand, den ich während dieser eindrucksvollen Tage traf, sprach Französisch. Ich tauchte in die deutsche Sprache ein und Bertrand half mir, jeden Tag ein Wort, einen Satz oder eine neue grammatikalische Besonderheit zu lernen.

Der eigentümliche Aufbau der deutschen Sprache traf mich nicht unvorbereitet: Ich hatte unzählige Male zugehört, wenn Papa für Mama Wort für Wort mit lauter Stimme deutsche Texte oder Bücher übersetzte.

Bei der Rückkehr nach Frankreich stellte ich erfreut fest, dass gewisse Verknüpfungen von allein erfolgten und die deutsche Sprache trotz der Rückkehr in ein frankophones Umfeld in meinem Geist mehr und mehr an Boden gewann.

Einige Monate später fand ich unter Mamas Büchern ein Lehrbuch mit dem verheißungsvollen Titel *L'anglais en 90 jours et 90 leçons* (Englisch in 90 Tagen und Lektionen). Von dieser Aussicht angetan, beschloss ich, mich auf das Abenteuer einzulassen. Aber die Lehrmethode sagte mir überhaupt nicht zu. Ich bat einen Freund, mir zu helfen; auch dieser Versuch schlug fehl. Die Chemie stimmte nicht. Ich ließ die Fremdsprachen erst einmal links liegen.

Doch nicht ganz: Mama interessierte sich für Latein und das weckte auch mein Interesse. Wir gingen einige Lektionen des Lehrbuchs durch und Mama erklärte mir die Fälle – ein harter Brocken für meine elf Jahre. Ich kannte schließlich alle Formen der »Rose« und des Verbs »sein«. Die das Lehrbuch begleitenden Kassetten machten mir am meisten Spaß; mit ihnen lernte ich einige Volkslieder auf Latein. Aber auch zu dieser – schulischen – Lehrmethode fand ich keinen richtigen Zugang.

Drei Jahre nach meinem ersten Aufenthalt bei Bertrand besuchte ich ihn noch einmal. Die vergrabenen Deutschkenntnisse erblickten wieder das Tageslicht. Von Beherrschung der Sprache konnte keine Rede sein, doch ich wusste genug, um mit den Jungs und Mädchen, die in der Zwischenzeit genauso viel gewachsen waren wie ich, abends im Dorf rudimentär kommunizieren zu können.

Dann aber fand die zuvor beschriebene Entdeckung der Musik statt und sie beanspruchte mich ganz für sich. Das Sprach-Interesse schlief erneut ein.

Eines Tages trat ein junger Engländer über die Schwelle von Papas Galerie. Er bot Übersetzungsdienste an, um sich sein Studium zu finanzieren. Papa benötigte keine Übersetzungen, aber er machte ihm einen Vorschlag: »Sprechen Sie Englisch mit meinen Kindern.«

David lehnte energisch ab: »Nein, nein, ich bin kein Englischlehrer!«

»Eben, genau deshalb interessiert es mich«, entgegnete Papa.

Aber der Gedanke erschien David zu abwegig und er verließ die Galerie ... um am nächsten Tag wiederzukommen und zu erklären, er habe eine Idee und wolle es versuchen.

Zu Beginn seines Studiums hatte er sich mit Theater und Pantomime beschäftigt. Er schlug vor, dies als Ausgangsbasis zu nehmen, um unsere Sprachpraxis zu fördern. Und das funktionierte wunderbar: Er wählte mit Umsicht urkomische kleine Szenen aus, darunter oftmals welche im Zusammenhang mit Winston Churchills Bonmots, und wir spielten sie und kugelten uns alle drei vor Lachen. Seine außergewöhnliche Mimik, seine gespielte Gelassenheit und gute Laune waren ebenso unwiderstehlich wie sein Spiel mit der englischen Sprache. Bei all dem Spaß gelang es ihm, unsere Aussprache zu verfeinern, unser Vokabular zu erweitern und über unser grammatikalisches Verständnis zu wachen.

Zu den beiden wöchentlichen Englischterminen gesellte sich einmal wöchentlich eine Stunde Algebra mit David – denn das war sein Studienfach.

Aber bald schon nahm Davids Laufbahn eine unerwartete Wendung. Die Arbeit mit uns weckte seine einstige Leidenschaft für das Theater wieder: Unsere Begeisterung motivierte ihn dazu, alle seine Sketche wieder auszugraben, und er stellte fest, dass ihm das Schauspielmetier wirklich lag.

Das ermutigte ihn, sich bei einem Fernseh-Casting vorzustellen. Er begann damit, dass er sich neben seinen Stuhl setzte und einen allgemeinen Heiterkeitsausbruch auslöste. Man wurde sofort auf ihn aufmerksam, er stürzte sich in seine Schauspielkarriere und diese ließ ihm bald schon keine Zeit mehr für uns. Meine Sprachausbildung lag wieder einmal brach.

Bis zu dem Tag, an dem ich das Konzept von Assimil kennenlernte. Es handelte sich um eine der ersten Ausgaben von *L' anglais sans peine* (Englisch ohne Mühe), die noch von dem Erfinder der Lernmethode, Alphonse Chérel, selbst verfasst war; zu dem Buch gehörten drei altmodische Kassetten.

Für mich war es ein Schlüsselerlebnis: Die Methode verzichtete völlig auf Pflichtaufgaben (man musste nichts auswendig lernen) und basierte auf tagtäglicher Assimilation – es war, als hätte man sie mir auf den Leib geschneidert. Ich folgte dem Kurs gewissenhaft, indem ich täglich meine Lektion las, mir ohne Mühe die Lautschrift für die Aussprache und die Betonung vor Augen führte, die entsprechenden Kassettenaufnahmen hörte, Herrn Chérel für seine so fein ausgeklügelte Arbeit bewunderte, alle Anmerkungen las und über die Sprache hinaus zahlreiche Details der britischen und nordamerikanischen Kultur erfuhr. Ich machte Fortschritte wie mit Siebenmeilenstiefeln. Es ist, als wohnte man einem Wunder bei, wenn man beginnt, Liedtexte oder Bedienungsanleitungen zu verstehen und Filmen im Originalton folgen zu können!

Die einzige Verpflichtung – nämlich ausnahmslos jeden Tag eine Lektion durchzugehen – entsprach vollkommen der Weise, wie ich funktioniere, und so hatte ich den ersten Band innerhalb weniger Monate verinnerlicht. Das Eintreffen des zweiten Bandes empfand ich, als fiele Manna vom Himmel, ebenso wie das des dritten und letzten Bandes, der englische und amerikanische Geschichten enthielt.

Während eines Aufenthalts auf den Kanalinseln gemeinsam mit Zelda, Némo und ihren Eltern konnte ich bald vor Ort feststellen, wie tief die englische Sprache in mich eingedrungen war.

Einige Monate später schenkte mir Papa den Assimil-Kurs für die deutsche Sprache. Da er meine Vorlieben kannte, hatte er eine alte Ausgabe gesucht und gefunden.

Diese Sprache, der ich mich bereits unzählige Male genähert hatte und die mich von klein auf umgab, zeigte sich mir nun in ihrer ganzen strukturellen Pracht. Die einzelnen Fragmente des bis dahin Erlernten wurden aufgewirbelt, ordneten sich vor meinen Augen und fügten sich wie Puzzlestücke in ein großes Ganzes. Mit frappierender Klarheit fanden sie ihren Platz inmitten der Vielzahl neuer Kenntnisse, die ich, Seite für Seite, Tag für Tag, mit Entzückung erntete.

Ich war unersättlich: Statt einer Lektion duchwanderte ich fünf oder sechs pro Tag. Niemand unterbrach mich, keine anderen Pflichtfächer kamen meiner Prioritätensetzung in die Quere, ich widmete der deutschen Sprache die Hälfte des Tages, und am Abend trug ich Papa meine täglichen Errungenschaften vor, wobei wir gemeinsam an meiner Aussprache und meinem Verständnis feilten.

Ich meinte, in mir eine genetische Verbindung zur deutschen Sprache zu verspüren, und Papa, der gleichzeitig zu seinen eigenen kulturellen Wurzeln zurückfand, die er nach dem Krieg totgeschwiegen hatte, teilte meine Begeisterung und offenbarte mir die Schätze der deutschen Dichtung. Mich faszinierte das Spiel, das die unzähligen Einstellungsmöglichkeiten dieser Sprache erlauben.

Nach drei Monaten hatte ich den Kurs abgeschlossen, nun begann meine eigentliche Zusammenarbeit mit Papa. Von da an begleitete ich ihn jeden Sommer auf seinen Vortragsreisen und Kurs-Tourneen. Jeweils zwei Monate lang waren wir in unterschiedlichen Ländern unterwegs, vor allem aber im deutschsprachigen Raum, in der Schweiz, in Österreich und Deutschland. Ich fungierte als sein Assistent, kümmerte mich um die Technik und tauchte so weit ein in Papas Arbeits- und Forschungsbereich, dass mich seine Entdeckungen, seine virtuose Art, sie zu vermitteln, völlig absorbierten. Mir erschloss sich die Bedeutung des Werks meines Vaters in seinem ganzen Ausmaß und in seinen unzähligen Implikationen; ich entdeckte den unerschütterlichen Mut, die wissenschaftliche Redlichkeit sowie die unglaubliche Objektivität seiner Arbeit – und es ergriff mich eine tiefe, stille Bewunderung.

Wir sprachen rund um die Uhr Deutsch: nicht nur mit den Menschen um uns herum, sondern auch untereinander, sobald wir die französische Grenze passiert hatten. Zu Anfang war ich etwas zurückhaltend, doch bald stellte ich überrascht fest, wie frei ich mich in dieser Sprache bewegen konnte. Es war ein beglückendes, sonderbares Gefühl, als ich schließlich auf Deutsch dachte und träumte.

Ich las einige Bücher, die mir Papa empfohlen hatte, ohne auf größere Schwierigkeiten zu stoßen; ab und zu schlug ich unbekannte Wörter im Wörterbuch nach. Ich las weiter und weiter, die großen Klassiker, entdeckte Rilke, Goethe, Borchert, Matthias Claudius und viele mehr. Von meinen bevorzugten Schriftstellern – Heinrich Heine und Hugo Hartung – habe ich fast alles gelesen.

Deutsch, die Sprache meines Vaters, hat eine bestimmte neue Struktur in meine Gedanken und meine Art zu handeln gebracht.

Einige Jahre später lernte ich mit Hilfe der Assimil-Sprachkurse noch Latein und dann Spanisch. Ich hatte logischerweise keine Gelegenheit, die lateinische Sprache in der Praxis zu üben, doch Spanisch wurde während unserer Tourneen mit Delphine durch eine bunte Gruppe von Spaniern, die mit uns reiste, ziemlich wichtig. Ich gewann eine wertvolle Freundin, mit der ich monatelang intensiv hin und her schrieb.

Ich würde gern noch weitere Sprachen erlernen, und gerade habe ich entdeckt, dass Assimil vor Kurzem einen Band zum Erlernen der Hieroglyphen herausgegeben hat ...

# »Allgemein«-Bildung

Als Leitfaden durch die Geschichte hat mir hauptsächlich die Kunst gedient: ihre Fortentwicklung, die chronologische Abfolge der Epochen, die Zusammenhänge und Bewegungen, die Genealogien, die Protagonisten und die charakteristischen Werke.

Ich war sehr früh in der Lage, Künstler, die mich interessierten, einer Epoche zuzuordnen oder eine Epoche anhand des künstlerischen Geschehens zu identifizieren. Noch heute dienen mir die Biografien von »meinen« Künstlern als Orientierungspunkte, um schnell ein Datum in den geschichtlichen Kontext einzuordnen.

Außerdem bieten Literatur und Malerei natürlich ganz direkt eine Fülle geschichtlicher Bezüge. Ich nutzte sie als Sprungbrett, um von einer Frage zur anderen, einer Begebenheit zur nächsten zu springen und so ganze Bereiche der Geschichte zu verinnerlichen, ohne jemals ein Lehrbuch zu dem jeweiligen Thema aufzuschlagen.

Wenn man sich für eine bestimmte Materie eingehend interessiert, trifft und kombiniert man automatisch die jeweiligen geschichtlichen Begebenheiten, die sie begleiten oder die sie charakterisieren oder die sie verursachen oder in welche sie münden.

Ich möchte hier nur einige Beispiele nennen: Ich war noch ganz klein, als ich an der Seite von Papa und Mama bei regelmäßigen Museumsbesuchen sprachlos vor den Gemälden der großen Meister stand, die das alte Paris mit seinen Häusern auf den Brücken, den Befestigungsanlagen und dem Gedränge auf den Straßen zeigten. Ich studierte die Pferdegespanne, den Putz der Epoche, ich prägte mir das Mienenspiel und die Posen ein, mit denen eine bestimmte Zunft oder ein bestimmter gesellschaftlicher Stand dargestellt wurden. Ich erkundete raffinierte Interieurs, kleine Verkaufsbuden in Helldunkelmalerei, Soldaten und Kanonen. Besonders beeindruckten mich der Raub der Sabinerinnen, die Krönung Napoleons, die berühmten Motive der Mythologie, die Bartholomäus-Nacht, Jeanne d'Arc, der Minotaurus, der Zentaur, die christlichen Märtyrer, Schlachtszenen, Stillleben, der Caravaggismus, die Sklaverei ... In anderen Sälen entdeckte ich Ikonen, griechische Keramiken, etruskische Skulpturen, ägyptischen Schmuck, Fossilien und die Archäologie, die mittelalterliche Architektur, die Ikonografie der Renaissance, die afrikanische Kunst, die Mona Lisa und Guernica ...

Bevor ich lesen konnte, hatte ich gelernt, die Romanik von der Gotik zu unterscheiden. Ravaillac war mir ebenso vertraut wie Danton oder Marie-Antoinette. Hitler gehörte für mich in gleichem Maße zu meinen Bezugspunkten wie Häuptling Büffelkind Langspeer, Chantilly-Spitzen, Schuhschnallen oder Kameen.

## *Reisen*

Viele prägende Entdeckungen und Erkenntnisse sind auf Reisen zurückzuführen. Über wiederkehrende Besuche der Schlösser Frankreichs (darunter natürlich die der Loire), von Kathedralen, Kirchen und befestigten Städten, lernte ich die unterschiedlichsten kulturellen Elemente kennen: die mittelalterliche Küche, Rüstungen, Gespanne, Kessel, Tapisserien, Schießscharten, verzierte Balken, große Kamine, kleine Fliesen, Kirchenfenster, Nachtstühle, Säbel und Schwerter, Schmiedeeisen, Cembalos, Barock, Rokoko, Geheimgänge, Erker, Fachwerk, Taubenschläge, Wassergräben, Zugbrücken, Marställe, Sporne, Schürhaken, Paravents, Pergament, Himmelbetten, Bibliotheken, Vergoldungen, Ehrentreppen, Kristalllüster, Alençon-Spitze, Betstühle, Kalvarienberge, Tabernakel, Altäre, Reliquien in Schreinen, Marien mit Kind, Krinolinen, einbeinige Tischchen, Sitzbänke (die man in der Ausführung für zwei Personen *confident* nennt und *indiscret* in der für drei), Psychen, Gardesäle, französische Gärten, Schneußen, kunstvoll gearbeitete Schlösser, Korsetts, Karossen, Cupidos, Alkoven, Fächer, Schmieden ...

Die Stadt Bayeux und ihr berühmter Wandteppich haben mich sehr lange intensiv beschäftigt. Ich ging sogar so weit, eine epische Tapisserie anzufertigen, indem ich einige weiße Stoffstreifen aneinandernähte und mit einer ganzen Geschichte bestickte, die ich in Anlehnung an historische Ereignisse erfunden hatte.

In Venedig faszinierten mich die Mosaike und die Glaskunst in gleichem Maße wie die Architektur der Stadt und ich könnte nicht sagen, was meine Kindheit am meisten geprägt hat: der Markusturm oder aber die kleine Meerjungfrau in Kopenhagen, das Manneken Pis, die Galleria Vittorio Emanuele in Mailand, das Anne-Frank-Haus in Amsterdam oder die Marionetten in Salzburg.

Bei einer Reise in die Normandie konnte ich die Schauplätze des Zweiten Weltkriegs, der mir aufgrund einer Sendung von Henri Amouroux (*l'Histoire a 40 ans* – Die Geschichte wird vierzig) und aus Papas häufigen Erzählungen ein vertrautes Thema war, sehen und anfassen. Etwas später wurde dieses Interesse durch zahlreiche Ausstellungen, Vorträge und historische Filme – viele in der *Cinémathèque*, wohin mich Delphine regelmäßig mitnahm – untermauert.

Manche Reisen unternahmen wir, um auf den Spuren der von uns verehrten Persönlichkeiten zu wandeln: Dvořák in Prag, van Gogh in Amsterdam, Georges Sand in Nohant, Brahms in Thun, Mozart in Salzburg, Rilke in Raron, Jeanne d'Arc in Reims ...

## *Bücher*

Bei uns zu Hause trafen, wie bereits berichtet, regelmäßig zahlreiche Monografien zu den unterschiedlichsten Themenbereichen ein: manche zur Vertiefung eines aktuellen Interessen- oder Studiengebiets, andere schlicht wegen ihrer Schönheit oder weil es im Bereich des Möglichen lag, dass sie eines Tages ein bestimmtes Interesse wecken, begleiten oder füttern würden.

Noch bevor ich lesen konnte, blätterte ich in diesen Werken. Mama las mir einige Bücher vor, zum Beispiel über das antike Rom oder Jeanne d'Arc, und in anderen wiederum Büchern vertiefte ich mich in die Illustrationen, besonders wenn es um Tiere ging. Diese sachlichen Bücher lieferten Informationen jeder Art, auch wenn sie sich gar nicht an Kinder richteten. Manchmal stieß ich auf ziemlich harte Inhalte, wie die Mahlzeiten von Raubtieren, Sklaverei, die Französische Revolution, Ölkatastrophen auf dem Meer, Hiroshima oder Auschwitz: Aber da sich niemand in meinem Umfeld deshalb beunruhigte oder versuchte, diese Realitäten zu zensieren oder zu beschönigen, beeindruckten und beschäftigten sie mich zwar, doch ohne mich zu traumatisieren (im Gegensatz zu manchen Kindern die man mit Geschichten von Hexen, die unartige Jungen fressen, und dem Besuch von Knecht Ruprecht terrorisiert).

Sobald ich lesen konnte, eröffneten mir diese Bücher ungeahnte Welten, offenbarten mir sowohl Kenntnisse allgemeiner Art als auch vollkommen ausgefallene.

Ich erinnere mich an Anatomiebücher wie den *Atlas du corps humain* (Atlas des menschlichen Körpers), in dem ich die erstaunlichsten Welten entdeckte, wie zum Beispiel die der Viren und Bakterien; ich erinnere mich an eine tolle Reihe von Büchern über die Schätze der Geografie, verfasst und illustriert von passionierten Forschern, die über alles, von den Bayous in Louisiana über den Natronsee bis zur großen afrikanischen Verwerfung berichten. Ich erinnere mich an meine fieberhafte Erregung beim Lesen von *Molécule la merveilleuse* (Das Wunder des Moleküls), bei der Entdeckung der Quantenmechanik, der Unterschiede zwischen Gas, Flüssigkeit, Festkörpern und Plasmen, der Funktionsweise von Seife, der Zusammensetzung von Wasser und Luft ... Ich erinnere mich an fesselnde Bände über Meteorologie, über die *Histoire ancienne d'inventions modernes* (Die alte Geschichte moderner Erfindungen), über den Bau von Kathedralen, die Erfindung des Jacquard-Webstuhls, das Leben der Berggorillas, über die Passagen in Paris, das Nachtleben der Tiere, die Architektur zur Zeit der Pharaonen, die Herstellung von Süßigkeiten und Parfums, über Alexander den Großen, die Brüder Lumière, die ayurvedische Küche, die indischen Tempel oder das Leben und Werk von D'Alembert (ich begegnete ihm über die Werkzeuge und er gab mir den Leitsatz »Warten und zweifeln können« mit).

Ich weiß noch, wie fasziniert ich war, als ich Erklärungen für vertraute Phänomene wie den Dopplereffekt fand, denn wie viele Kinder hatte auch ich das Motorengeräusch eines sich nähernden und wieder entfernenden Autos nachgeahmt. Und ich erinnere mich, wie ich mit Wehmut über das Zeitalter las, in dem Philosophen gleichermaßen Künstler, Wissenschaftler, Historiker und Politiker waren. Ich machte Bekanntschaft mit Kopernikus und Newton beim Studium der Astronomie, mit Archimedes bei der Beschäftigung mit Mechanik und mit Darwin in einem Band über prähistorische Tiere.

## *Computer*

Dieser Rundblick über meine Lerngebiete ist zwar zwangsläufig unvollständig, doch ich kann ihn nicht beenden, ohne meine Zuneigung gegenüber dem Computer zu erwähnen.

Schon früh lernte ich den Umgang mit Basic von meinem Onkel Jean. Ich besuchte ihn manchmal abends an seinem Arbeitsplatz und er brachte mir bei, einen riesigen Dinosaurier von einem Computer zu programmieren, dessen Leistungsvermögen uns heute lächerlich anmutet, aber damals außergewöhnlich erschien. Die fast mechanische Logik, mit der diese Maschine Ursachen und Wirkungen verwaltete, gefiel mir sehr.

Im Laufe der Jahre verfolgte ich weiterhin Jeans Arbeit sowie die schwindelerregenden Fortschritte der Informatik, wobei ich selbst den Computer nur zur Textverarbeitung nutzte, um die Prospekte für unsere Gruppe »ACCM Fusion« zu erstellen.

Und dann fasste ich eines Tages den Entschluss, einen ersten Computer für unsere Sippe anzuschaffen. Von da an habe ich schrittweise meine Kenntnisse vertieft, zum einen aus der Notwendigkeit heraus, immer neue Probleme lösen zu müssen, zum anderen aus Neugier und Interesse an der Sache.

Mit meiner wachsenden Begeisterung steckte ich Werni an. Wir bildeten ein Forscherteam und wagten uns immer kühner in die Tiefen der Hard- und Software vor, wobei wir uns gegenseitig unterstützten

und manchmal anspornten. Werni war es, der mir meinen ersten Laptop schenkte und mir damit den Zugang zu einer Welt ermöglichte, die heute zu meinem Alltag gehört.

Als sich die Bedeutung des Internets abzuzeichnen begann, waren wir unter den Pionieren, die ahnten, wie wichtig es war, dort Präsenz zu zeigen. Ich bewegte mich auf vollkommenem Neuland und niemand in meinem Umfeld hätte mir helfen können. Das, was ich bisher über Computer wusste, machte mir jedoch Mut, mich auf das Abenteuer einzulassen. Ausgehend von einem elementaren Artikel zum Thema, den ich aus einer Fachzeitschrift ausgeschnitten hatte, bahnte ich mir einen Weg durch diesen unbekannten Dschungel und begab mich auf eine ebenso einsame wie bereichernde Forschungsreise, wobei ich manchmal den Eindruck hatte, dass sich die IT-Prozesse ungefragt der Rechenleistung meiner grauen Zellen bemächtigten. Einige Wochen später waren die Websites für Papa, Werni und unseren Freund Jacques einsatzbereit.

Kurz darauf traf ich die Entscheidung, Papas gesamte Arbeit auf unsere Computer zu übertragen. Eléonore steigt mit ein, und für das Familienunternehmen begann eine neue Ära, für die der wachsende EDV-Bestand, der gewartet werden wollte, kennzeichnend war.

In der Welt der Informatik – in die die jüngeren Generationen quasi hineinwachsen – sind Autodidakten allgegenwärtig und niemand staunt darüber. Das, was auf einem so komplexen Feld nicht verwundert, sollte es in anderen Wissensgebieten auch nicht tun.

## *Ein Ende in Unendlichkeit*

Das Lernen hört nie auf. Ein lebendiges, frei erworbenes Wissen erlischt oder erstarrt nicht. Ich habe nichts von dem vergessen, was ich so energisch erlernt habe.

Ich musste nie einen Auffrischungskurs besuchen, denn ohne eine bestimmte Qualifikation als Deckung haben sich meine Kenntnisse in der Praxis ununterbrochen aktualisiert und verfeinert.

Ich bin froh, dass ich mit manchen Wissensgebieten erst in Kontakt kam, als ich die nötige Reife hatte, um sie in all ihren Dimensionen erfassen und wirklich mögen zu können. Dazu zählen die Arbeiten des Physikers und Kosmologen Stephen Hawking, mit denen ich erst bekannt wurde, als ich auf die 30 zuging, und die eine Erleuchtung für mich waren.

Seine Schriften offenbarten mir nicht nur eine Menge Kenntnisse auf für mich essenziellen Gebieten, sondern haben mir außerdem sehr geholfen, mich selbst weiterzuentwickeln. Ich vermag nicht genau auszumachen, woran es liegt, doch die Lektüre von *Eine kurze Geschichte der Zeit* hat mein Leben verändert.

# Nachdem ...

... ich Ihnen von meiner Kindheit und meinem Werdegang erzählt habe, möchte ich noch auf einige Dinge zu sprechen kommen, die mich in den letzten Jahren sehr beschäftigt haben.

Als ich etwa 25 Jahre alt war, begann ich über meine Kindheit nachzudenken, weil man mich bat, darüber zu berichten. Ich war bereit, mich allen Fragen in diesem Zusammenhang zu stellen.

Man lud mich ein, vor zukünftigen Grundschullehrern zu sprechen, an Kongressen teilzunehmen und – sowohl in Frankreich als auch im Ausland – im Radio oder Fernsehen aufzutreten.

Man interviewte mich, machte mich zum Gegenstand von Reportagen, empfing mich in angenehmer Atmosphäre als Studiogast diverser Fernsehmagazine. Man holte mich in jene berühmt-berüchtigten Talkshows, die vorgeblich dem Meinungsstreit gewidmet sind, weshalb man versuchte, mich mit glühenden Verfechtern des laizistisch-republikanischen Schulsystems zu konfrontieren, und wo man mich während des Nachschminkens in den Werbepausen wie einen Boxer zwischen zwei Runden mit Anweisungen bombardierte.

Man bat mich um Vorträge in Frankreich und der Schweiz, in Spanien, Deutschland, Österreich und Indien – und das große Interesse, das sie hervorriefen, löste bei mir eine intensive Beschäftigung mit bestimmten, immer wiederkehrenden Fragen aus.

Von Anfang an arbeitete ich daran, diese Vorträge auf die schlichte Wiedergabe meiner Erfahrungen zu beschränken. Es ist nicht meine Sache und Aufgabe, Kritik an der Schule zu üben. Ich möchte nichts weniger als mich zum Schulfeind Nummer eins zu stilisieren. Im Gegensatz zur Schule und ihren Vertretern will ich Sie weder als

Botschafter für eine bestimmte Sache gewinnen, noch bin ich Vertreter einer Lehrmethode, deren Vorzüge ich anpreisen muss. Meine Erlebnisse haben nur für mich Gültigkeit; meine Art des Lernens kann nicht verallgemeinert oder standardisiert werden.

Noch immer ist es sehr heikel, die Schule infrage zu stellen, eine Institution, die in der Wahrnehmung der Gesellschaft als Selbstverständlichkeit verankert ist und deren Besuch zu den Grundrechten der Kinder gehört.[5]

Was ich erlebt habe, ermöglicht mir allerdings einen ganz anderen Blickwinkel. Ich betrachte die Schule als Außenstehender. Mein Blick ist neutral, weil ich weder von dem dortigen Geschehen noch von der Zukunft der Institution betroffen bin. Ich bin weder Richter noch Partei.

Es ist im Übrigen amüsant, dass man mir manchmal den Vorwurf macht, die Schule nicht zu kennen, weil ich sie ja nie besucht habe, während man auf jedem anderen Gebiet von Experten gerade verlangt, dass sie unabhängig, objektiv und außenstehend sind.

Wenn ich den Angehörigen einer Gesellschaft, die sich für demokratisch hält, sage, dass das Informationsdefizit, das im Hinblick auf sensible Themenbereiche sorgfältig aufrechterhalten wird, sie an einer freien Wahl hindert, wirke ich gleich militant.

Mit dem richtigen Marketing gelingt es auf wundersame Weise, den Menschen das Gefühl zu geben, sie hätten die einzige Option, die man ihnen anbietet, frei gewählt. Henry Ford sagte: »Sie können das Modell T in jeder Farbe Ihrer Wahl erhalten, solange die Farbe schwarz ist!«

Genau das ist gängige Praxis – beispielsweise in dem Bereich, von dem hier die Rede ist, der Bildung.

Man bietet jungen Eltern keine Wahl, die ernsthaft über die Entscheidung zwischen öffentlicher und privater Schule hinausgeht, und pflegt den Glauben, dass der Verzicht auf den Schulbesuch zwangsläufig in Analphabetentum und Arbeitslosigkeit mündet.

Journalisten geben vor, eine rege Debatte zu schätzen, aber sie führen sie nur herbei, wenn das Ergebnis zugunsten der etablierten Ordnung relativ sicher ist. Das ermöglicht ihnen, stets mit einer Schlussfolgerung im Stile von »Beide Seiten haben Vor- und Nachteile« zu schließen, weder dafür noch dagegen zu sein, ganz im Gegenteil, und den Leuten zu verkünden, dass sie ruhig schlafen können.

Wie soll man in den Zeiten freier Wahlen daran erinnern, dass »Mehrheit« kein Synonym für »richtig« ist, ohne damit jedes Mal sein Abonnement auf das schwarze Schaf zu verlängern?

Man kann seine Zweifel an etwas, was jeder für selbstverständlich hält, kaum äußern, ohne als Ketzer zu erscheinen. Der Eindruck, dass man die Welt verkehrt herum betrachtet, wenn einen schockiert, was der Mehrheit normal erscheint, lässt sich kaum vermeiden. Ebenso wie der Eindruck von Subversion, wenn man es für schrecklich arrogant und respektlos hält, auf alle Menschen die westliche Interpretation der Menschenrechte anzuwenden – wenn nötig mit Gewalt.

Wenn jemand über die aufopfernde Arbeit von Freiwilligen berichtet, die sich irgendwo in Afrika mit Leib und Seele dem Bau von Krankenhäusern widmen und der Entwicklung der lokalen Landwirtschaft, »um eine lebensfähige Ökonomie zu schaffen«, oder der Gründung von Schulen, »um Kindern unter annähernd normalen Bedingungen eine schulische Ausbildung zukommen zu lassen«, ist es wirklich schwierig, zu entgegnen, dass man ein gewisses Misstrauen gegenüber Krankenhäusern hat, die die westliche Medizin zum Nachteil einer jahrhundertealten, traditionellen Heilkunde begünstigen. Dass man der Meinung ist, eine intensive landwirtschaftliche Nutzung werde den afrikanischen Boden letztendlich ruinieren; dass man glaubt, die Wirtschaftsordnung, die der jeweiligen einheimischen Bevölkerung als Ideal verkauft wird, habe deren unumkehrbare Veränderung zur Folge; und dass die Schaffung von Schulen bei abgeschiedenen Volksstämmen keineswegs glückliche Konsumenten aus den Menschen mache, sondern ihre Abhängigkeit von den westlichen Standards noch verstärken werde. Und wie heikel ist es erst, diese Standards mit Raubtieren zu vergleichen, die den Völker am Ende ihre Individualität entreißen, und zu erklären, dass man diesen Einfluss nicht für rühmlich halte, sondern darin den Ursprung des Übels sieht, dessen Opfer diese Völker sind – oftmals »freiwillige« Opfer dank des oben beschriebenen Marketings ...

Ist es nicht widersprüchlich, heutzutage die Kolonien zu verdammen, doch gleichzeitig ohne Skrupel eine Kolonialisierung der Erde mit den Paradigmen des Westens zu betreiben? Ist es nicht schockierend, dass Menschen mit einem ernsthaften humanitären Anliegen blind handeln, im Grunde stets wegen des gleichen Mangels an Information? Wir leben in einer Zeit des ideologischen Fast Food, der schlüsselfertigen Lebensformen, der Pauschale »Studium – Beruf – Rente«, Versicherung inklusive. Die Zugehörigkeiten werden in abgepackten, vorsortierten Sets verkauft – von der Freiheit aus dem Katalog bis zur Scheindemokratie.

Legitimiert durch die gemischte Platte, die man ihnen als ihre Portion an Allgemeinbildung serviert hat, den Geist überfrachtet mit vorgefertigten Überzeugungen, die sie als Katze im Sack bei den von der Industriegesellschaft missionierten Hausierern gekauft haben, finden die Angehörigen der konformistischen, demokratischen Gesellschaft, die breitbeinig auf ihrem genormten Antirassismus sitzen, selbstverständlich einen anerkannten Weg, um die Geringschätzung zum Ausdruck zu bringen, mit der sie dem Leben und den Überzeugungen Andersdenkender begegnen und darauf herumtrampeln – Andersdenkender, denen sie in schönem Einvernehmen das Etikett »Randgruppe« anheften.

Hier ein kleines Zitat aus einem Internetforum für Mütter auf der Suche nach neuen, aber nicht allzu gewagten Ideen:

»Die Eltern, die militante Verfechter der ›Entschulung‹ sind, treten recht baba cool auf, in einer Mischung aus Müsli-Mama und 68er-Erziehung. [...] Ich weiß, dass den militanten Verfechtern der ›Entschulung‹ das Hauslehrer-Konzept kaum gefallen wird, denn das klingt nach ›Bourgeoisie des 19. Jahrhunderts‹, und die Ökos vom Schlag ›alternative, antiautoritäre Methoden und so ein Kram‹ hassen solche Familien. [...] Wenn du eine objektive Meinung über Entschulung erhalten willst, dann wird es schwierig. [...] Denn wenn du auf diese Alternativkram-Websites gehst, bekommt du nur übertriebene Lobeshymnen.«

Ich bin kein Hippie, ich halte meine Vorträge in Anzug und Krawatte, und ich gehöre keiner Bewegung und keinem Verein an.

Das überrascht auch die »Alternativen«. Und darüber bin ich froh. Denn auch von ihnen wagen es selbst die Mutigsten selten, jemals über eine Alternative zum Schulbesuch zu sprechen, sondern bestenfalls davon, das System zu reformieren.

Wenn ich eingeladen werde, einen Vortrag zu halten, dann fasse ich mich am liebsten kurz:

»Meine Damen und Herren, guten Abend!

Als kleiner Junge hatte ich die immerwährenden Fragen der Leute irgendwann satt, die erstaunt waren, mich frei herumlaufen zu sehen, während alle anderen Kinder in der Schule saßen. Also legte ich mir einen kleinen Satz zurecht, um mich ein für alle Mal vorzustellen:

›Guten Tag, ich heiße André, bin ein Junge, esse keine Bonbons und zur Schule gehe ich nicht!‹«

Diese letzte Äußerung sorgte üblicherweise für eine gewisse Aufregung; und das ist auch heute noch der Fall.

Ich gehe inzwischen auf die vierzig zu, bin Journalist, Musiker und Gitarrenbauer und habe nie einen Fuß in eine Schule gesetzt.

Meine Damen und Herren, mit diesen Worten beende ich meinen Vortrag. Und wie es den Gepflogenheiten entspricht, stehe ich nun zu Ihrer Verfügung, um alle Fragen zu beantworten, die er hervorgerufen hat.«

## Fragen

### *Soziale Kompetenz / die anderen Kinder*

Die erste Frage, die mir gestellt wird, lautet immer:

»Aber hat dir der Kontakt zu anderen Kindern nicht schrecklich gefehlt?«

Ich weiß aus Erfahrung, dass dieser Frage oft unmittelbar ein argumentierender Nachsatz folgt:

»Der Unterricht ist ja nicht die einzige Aufgabe der Schule: Sie ist vor allem der Ort, an dem man lernt, in der Gesellschaft zu leben, der Ort, wo man die soziale Kompetenz erwirbt, die unabdingbar ist für das Zusammenleben mit anderen.«

Darauf möchte ich mit einer Gegenfrage antworten: Warum wird der Kontakt mit anderen Kindern als so bedeutend angesehen? Kommt es nicht vielmehr auf den Kontakt mit anderen Menschen an?

Indem man Kinder und Erwachsene in gesonderte Kategorien einordnet, trennt man sie. Man schafft eine Kluft, zieht eine Grenze, und bewacht sie streng.

Den Kindern bleibt nur, sich dieser Grenze in kleinen Etappen zu nähern, ähnlich den Bewährungsproben in einem Computerspiel, in dem man zu bestimmten Orten oder Hilfsmitteln erst Zugang erhält, wenn man den Übergang zum nächsten Level geschafft hat.

Es gilt, die Spielregeln zu beachten, Fallen zu umgehen, sie von Weitem schon auszumachen, die kleinen Tricks zu kennen, die erwarteten Antworten im richtigen Moment zu geben – auf diese Weise gewinnt man Punkte. Verliert man seine Bonuspunkte nicht, dann muss man kein Level noch mal spielen und kommt pünktlich zur abschließenden Prüfung an.

Kann man vernünftigerweise glauben, dass eine Sozialisierung stattfindet, indem man Umgang mit Kindern desselben Alters in einem hermetischen Klassenverband hat, indem man täglich eine Ration desselben Standard-Düngers teilt, der nach einem von oberster Stelle festgelegten Programm versprüht wird? Kann man allen Ernstes annehmen, dass Alter und Wohnort des Kindes die gelungenen Kriterien zur Gruppeneinteilung sind?

Ich habe in ständigem Kontakt und Austausch mit anderen Menschen gelebt, manche waren jünger, manche älter. Die gegenseitige Bereicherung ergab sich gerade aus diesem vielfältigen und kosmopolitischen Umfeld.

Es gab immer etwas, was man von jemandem lernen konnte, ebenso wie es immer etwas gab, was man jemand anderem vermitteln konnte.

Ich durfte meine Freunde wählen, so wie sie mich gewählt haben. Das Leben, unsere Wege, Interessen und Fähigkeiten führten uns zusammen und nicht die Daten unseres Personalausweises.

Unsere Freundschaften ergaben sich aus unserem Alltag und wuchsen darin. Und wenn manche sich wieder lösten, dann kam es nicht zum Kalten Krieg, denn wir konnten uns aus dem Weg gehen und waren nicht zum täglichen Umgang gezwungen, wie er in einer Klasse unvermeidbar ist.

## *Die Beweggründe meiner Eltern*

»Warum haben deine Eltern entschieden, ihre Kinder nicht zur Schule zu schicken?«

Dieses Buch gibt mir Gelegenheit, meine Eltern selbst zu Wort kommen zu lassen. Ich fühle mich sehr geehrt, dass beide zugestimmt haben, jeweils eine Antwort auf diese Frage zu verfassen, die ich Ihnen hier präsentieren darf.

Zunächst die von Papa:

*Von wie vielen Eltern habe ich gehört: »Bevor sie in die Schule kamen, haben meine Kinder viel gezeichnet. – Und dann? – Ach, sie hatten keine Lust mehr – und im Übrigen auch gar keine Zeit mehr dafür!«*

*Sie sagen das eher mit Resignation als mit Bedauern und empfinden es als normal: Die Schwelle der Schule markiert die Grenze zwischen der Kindheit und dem Schülerstatus.*

*Ich dagegen, der ich Kinder malen lasse – nicht um künstlerische Talente zur Entfaltung zu bringen, sondern damit sich die Kinder von jeglichen Einflüssen frei machen und ihre unermesslichen Fähigkeiten entdecken –, bin dagegen besonders schockiert, wenn ich erfahre, dass ein für das Kind vitales Spiel geopfert wird und die Eltern das ohne Bedauern, ohne Betroffenheit hinnehmen können.*

*Ich mache ihnen keinen Vorwurf. Vor allem mache ich denen keinen Vorwurf, welche die Klugheit besitzen, mir ihre Kinder anzuvertrauen, damit sie beim Malspiel Schritt für Schritt all ihre unterdrückten Fähigkeiten wiederbeleben und sich regenerieren können.*

*Da ich all das wusste, da ich erkannt hatte, dass ein Kind keiner Erwachsenen bedarf, die ihm das Zeichnen beibringen, und dass sie, falls*

*sie es tun, damit sein Spiel zerstören, wollte ich meine Kinder einer solchen Behandlung nicht aussetzen.*

*Was ein Kind in dem geschützten Raum zeichnet, der für das Malspiel geschaffen wurde, unterscheidet sich von den gelegentlichen Zeichnungen, die angefertigt werden, um Lächeln und Lob zu ernten. Es ist eine Äußerung, welche die Dimension seiner Persönlichkeit, seine vitale Kraft offenbart. Nein, es kam nicht infrage, dies einer Ausbildung zu opfern, die letztlich zur Verkümmerung führt.*

*Meine Kinder haben viel gemalt. Das Spiel mit der Spur wurde ihnen zur Gewohnheit. Sie malten im Malort inmitten der anderen Malspielenden – mit Schulkindern auf der Suche nach Spontaneität, mit Erwachsenen auf dem Weg, ihre lähmenden Vorurteile zu überwinden – und teilten mit ihnen Momente voller Freude.*

*Sie zeichneten zu allen Gelegenheiten, mit Bleistift, Füller und anderen Utensilien. Sie tanzten, lebten in der Welt der Klänge. Sie machten Begegnungen. Jeder Tag war angefüllt mit Entdeckungen. Sie wurden größer. Sie entwickelten Fertigkeiten, weil ihre Eltern nie an ihren Fähigkeiten zweifelten und sie ihre Originalität bewahren ließen.*

*Wir haben uns nie die Frage gestellt, ob unsere Art, mit unseren Kindern zu leben, die richtige war oder ob wir unrecht hatten, es unserem Umfeld nicht gleichzutun. Es passierten so viele bereichernde Dinge für jeden von uns! Es fehlte die Zeit, über alle nachzudenken. Wir wussten, dass das Leben ein Wunder ist, das man nicht hinterfragt.*

*Wir haben weder gezweifelt noch es als schwierig empfunden, auf die Weise zu leben, die wir für uns gewählt hatten.*

*Es ist einfacher, sein Leben nicht mit Kindern zu belasten und sie an die Schule abzugeben. Die Folgen sind jedoch erschreckend: Lärm, Gewalt, Labilität, Widerwillen, Bildungsmangel ... ein Leben ohne Strukturen. Und die Eltern geben sich geschlagen, mit der einzigen Rechtfertigung, es wie alle anderen gemacht zu haben ...*

*... wie fast alle anderen. André und Eléonore, unsere Kinder, sind weder gewalttätig noch verzweifelt. Sie müssen mit niemandem abrechnen. Sie müssen keinen Konkurrenten ausschalten, um sich selbst zu bestätigen. Ein wahrer schöpferischer Geist misst sich nicht an anderen.*

*Für unsere Kinder – als sie noch klein waren ebenso wie mehr als 30 Jahre später – ist jeder Moment des Lebens kreativ. Die Welt ist groß und voller Verheißungen.*

*Arno Stern, Februar 2008*

Und hier Mamas Text:

*Ich war Lehrerin an einer école maternelle, einer Vorschule.*

*Ich gehorchte der Institution nicht, die verlangt, die Empfehlungen von der Spitze der Hierarchie zu befolgen. Ich unterwarf meine Kinder nicht den Vorschriften der Schule, die versuchen, sie in die Form zu pressen, die der Lehrplan – dieses Programm für den Zwangskonsum – vorschreibt.*

*So ist für mich nur der Begriff maternelle von Wichtigkeit – mütterlich. Ich denke, er beschreibt keine Funktion, sondern einen Zustand. Einen Zustand der Verschmelzung, das heißt des tiefen Verständnisses für die Wirklichkeit, die der Kindheit eigen ist.*

*Während einer kurzen Phase der vollkommenen Unerfahrenheit hatte ich versucht, die geltenden pädagogischen Anweisungen umzusetzen:*

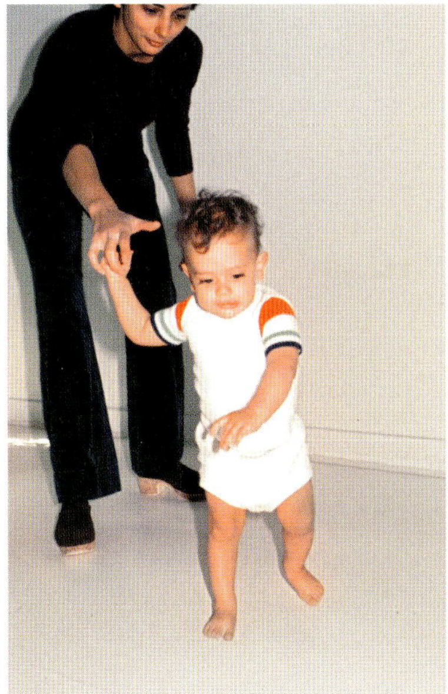

*wieder und wieder die grafischen Übungen, welche die Kinder auf das Schreiben vorbereiten, und die albernen »Kniffe«, die man einsetzen soll, um die Gruppenbildung zu fördern, die Gruppe zu beschäftigen und sie eher gefügig zu machen denn ihre Kreativität zu wecken. Aber die Kinder langweilten sich ganz offensichtlich in demselben Maße, wie ich mich unwohl fühlte. Ich hatte das Gefühl, von der Realität der einzelnen Kinder abgeschnitten, aufdringlich und nutzlos zu sein.*

*Die Lösung fand ich in den Büchern von Arno Stern.*

*Die tiefsten Bedürfnisse eines Kindes stimmen genau mit seinen Fähigkeiten überein. Um diese Tatsache zu erkennen, genügt es, das zuzulassen, was niemand vor Arno Stern in Betracht ziehen wollte: die »natürliche Spur«.*

*Arno Stern erkannte sie, erforschte all ihre Aspekte, erklärte ihren Sinn und ihren unschätzbaren Wert. Diese Spur hat ihren Ursprung in der organischen Erinnerung jedes Einzelnen, wie jeder natürliche Prozess entwickelt sie sich aus sich selbst heraus, und wenn man sie nicht behindert, gewährleistet sie eine harmonische Entwicklung des Menschen in seiner Gesamtheit.*

*Wenn Erwachsene diese lebendige, einigende Kraft respektieren, werden sie das Kind mit anderen Augen sehen und sich in den Dienst des Genies stellen, das dem Kind zu eigen ist (abgeleitet vom lateinischen genialis: sich auf die Geburt beziehend).*

*Das Kind bewahrt sich lange »das Genie des Fötus«. Der Fötus in seiner Perfektion entsteht ohne unsere Hilfe. Die einzig denkbare Aufgabe des Erwachsenen besteht darin, dem Kind zu ermöglichen, sich die ihm innewohnende natürliche Dynamik zu erhalten, ohne es sinnlos dabei zu behindern.*

*Der Pädagoge, wie ich ihn sehe, ermöglicht jedem, sich entsprechend seiner eigenen Anlagen zu verwirklichen, die immensen unvorhersehbaren Ressourcen seiner Persönlichkeit zur Geltung zu bringen.*

*Heutzutage sorgt man sich angesichts der Zerstörung der Artenvielfalt in der Tier- und Pflanzenwelt, die von der Profitgier, welche die Erde zugrunde richtet, verursacht wird. Doch vor über 30 Jahren sorgte ich mich angesichts der Rolle der Schule, die unbewusst auf die Nivellierung und Uniformität der Menschen hinarbeitete, und das bereits ab der Grundschule.*

*Alle verfügen über die gleiche ungeheure vitale Kraft, doch jeder Mensch ist anders und jedem muss die Möglichkeit gegeben werden, seine Besonderheit auszuleben.*

*Lehrpläne und unnütze Anweisungen werden dann überflüssig, und Misserfolge, die Energien lähmen, finden nicht mehr statt.*

*So bedarf es nur einer konkreten, einwandfreien Struktur und sinnvoller Regeln, die die Freiheit schützen. Dann tritt das Verlangen zutage, seinen ureigenen Bedürfnissen zu folgen, es entsteht in jedem Einzelnen, es wird zur Gewohnheit. Eingebettet in diese Gewohnheit wachsen das Selbstvertrauen, die Fähigkeiten, die Kräfte und der Mut des Kindes ohne jegliche Beschränkung.*

*In meiner Klasse zeichneten die Kinder täglich während der letzten Vormittagsstunde. Dabei herrschte große Konzentration, ja, ich möchte sagen: innere Sammlung. Es war ein unumstößliches, fruchtbares Ritual.*

*Jeden Nachmittag malten, bastelten und modellierten sie in gut organisierten Stunden mit derselben Ernsthaftigkeit und Begeisterung. Ich kann hier nicht ins Detail gehen, sondern gebe lediglich die grundsätzliche Linie meines Vorgehens wieder, um einen plastischen Einblick zu geben.*

*Jahr für Jahr kam es zu den gleichen Begeisterungsausbrüchen, dem gleichen Aufbranden lebendiger Kräfte, und das rief Erstaunen hervor. Die Schule machte es sich sogar zur Gewohnheit, mir die schwierigen Fälle anzuvertrauen. Die Schüchternen blühten auf, die Zappeligen wurden ruhiger und die Verängstigten entspannten sich.*

*Die vielen unterschiedlichen Energien vereinten sich und schweißten die Gruppe zusammen.*

*In diesem Zusammenhang möchte ich noch eine etwas bittere, aber sehr aussagekräftige Anekdote wiedergeben: Die Kinder meiner Klasse kamen zum nächsten Schuljahresbeginn in die »grande section«, die oberste Klasse der Vorschule. Sie bildeten noch ganz jene magisch homogene Gruppe, die auch die neue Lehrerin erfreute. Dennoch merkte sie an: »Nun, dann muss ich ja bis Weihnachten warten, um meine drei Gruppen zu bilden.« Ja, es war üblich, die Klassen in »hervorragend«, »durchschnittlich« ... und »die Übrigen« einzuteilen, um ... – nun warum eigentlich? Ich überlasse es Ihnen, eine Antwort darauf zu finden. Ich habe keine.*

*Die Lehrerin benötige somit drei Monate, um die Begeisterung und das Verlangen, aktiv zu sein, also zu lernen, bei diesen fünfjährigen Kindern zu brechen.*

*Die Schule in ihrer strukturellen Steifheit verschwendet die kostbare Energie, die den Anfängen innewohnt. Die Kinderzeit ist das natürliche, unersetzliche Kapital, auf dem jedes Menschenleben aufbaut – haben wir das Recht, dies in einem fort zu missachten?*

*Bei Andrés Geburt verließ ich die Schule, um mich einer dringenderen Verantwortung zu stellen: mich um die Kinderzeit des Kindes zu kümmern, das wir ins Leben gerufen hatten.*

*Ich liebte meinen Beruf, den ich mir hatte neu erfinden müssen, leidenschaftlich. Es war eine persönliche Entscheidung, ihn hinter mir zu lassen, weil ich mich nicht um eine Funktion bringen wollte, die in meinen Augen noch heiliger ist: die der Elternschaft.*

*Es versteht sich, dass wir keine Schule am Horizont sahen. Wir wussten, welcher Weg der unsrige war, wir wussten, dass weder die institutionelle Schule noch Hausunterricht notwendig ist.*

*Alles Weitere beschreibt André in seinem Buch ...*

*Michèle Stern, Februar 2008*

## Abnabelung / Pubertätskrise

»Aber wie sah dann bei dir der notwendige Ablösungsprozess im Hinblick auf deine Eltern aus, dieser heilsame Konflikt, wenn ein Jugendlicher sich abnabelt? Du hast doch wohl wie alle deine pubertären Krisen durchgemacht, oder?«

Wie alle? Wer hat denn entschieden, dass es sich dabei um ein universelles Phänomen handelt?

Was uns angeht, vergessen Sie bitte diese Begriffe!

Wie sonderbar es Ihnen auch erscheinen mag, es gibt bestimmte Begriffe, die uns vollkommen fremd sind; die ganz ehrlich nicht zu unserem Bezugssystem zählen.

Beispielsweise die fein säuberliche Unterteilung der Zeit in Kategorien wie Arbeit und Freizeit, Job und Urlaub, Berufsleben und Privatleben, Lernen und Erholung ist uns vollkommen fremd.

Ebenso waren weder die einzelnen Lebensphasen – Kindheit, Jugend, Erwachsenenalter – genau segmentiert, noch war der Übergang von einer zur anderen wahrnehmbar.

Dieses kontinuierliche Voranschreiten ohne Termine, mit einem beständigen, doch individuellen Rhythmus wohnt jedem natürlichen Prozess inne.

Umgekehrt ist das Festsetzen von Altersphasen anhand klar definierter Dreh- und Angelpunkte, wie es ansonsten nirgends in der Natur zu finden ist, auf eine Konditionierung zurückzuführen, die ebenso künstlich wie bequem ist und schon sehr früh von der Sitte eingeleitet wird, das kalendermäßige Alter mit den Etappen der Schullaufbahn zusammenfallen zu lassen.

Nein, ich habe keine der Krisen erlebt, die man heute normalerweise bei einem heranwachsenden Kind erwartet. Man muss dazu sagen, dass auch niemand in meinem Umfeld sie jemals als notwendig oder wünschenswert ansah. Niemand stellte sich darauf ein, dass ich meinen Ödipuskonflikt durchlebe, und niemand beunruhigte sich, als ich es nicht tat.

Ich musste meine Unabhängigkeit nicht erst erringen, denn ich habe sie immer besessen!

Dabei kommt mir der schöne Satz in den Sinn, den mein Freund Schimun einem Mann sagt, wenn er sich bei ihm beklagt, seine Frau habe ihm nach der Scheidung »alles genommen«: »Hast du ihr also nichts gegeben, wenn sie sich alles nehmen muss?«

Wer »alles« von sich gibt, kann unmöglich beraubt werden, denn er hat bereits alles gegeben. Genauso verhält es sich mit der Unabhängigkeit.

Und das ist nicht bloß irgendeine Binsenweisheit!

## *Der Eintritt ins Berufsleben*

»Wie verlief für dich der Eintritt ins Berufsleben, und wann fand er statt? Warst du da nicht recht hilflos, fehlten dir nicht die Arbeitspraxis und die Erfahrung im Umgang mit anderen Menschen und festen Zeitplänen usw.?«

Meine Antwort auf die vorherige Frage trifft auch auf diese zu: Ich kannte diese Differenzierungen und Übergänge nicht, ganz einfach, weil ich immer schon im aktiven Leben badete, in meinem eigenen und dem der anderen; nicht in der mehr oder weniger transparenten Kapsel desjenigen, den man »zu seinem eigenen Besten« noch für das Leben vorbereitet, sondern im großen Bad der unendlichen, bunten, überraschenden, brodelnden, kosmopolitischen Weiten des wirklichen Lebens. In diesem großen Kessel ist die Begegnung, ja selbst die Konfrontation mit anderen, keine aus dem Zusammenhang gerissene und vereinfachte Theorie, die einem von einer überdies parteiischen Instanz vermittelt wird. Sondern sie ist ein natürliches, unverhandelbares Element, genau wie diejenigen, mit denen man sie hat. Ich habe kein Ende der Studentenlebens erfahren müssen und ebenso wenig die Notwendigkeit des Übertritts ins Berufsleben. Ich hatte keine manchmal schmerzhafte Schwelle zu überschreiten, die das theoretische Schulwissen von der Umsetzung in der Praxis trennt, denn ich habe die Welt der Praxis nie verlassen.

Es ist seltsam, dass man sich hier um mich »sorgt«; sind es nicht eher »die anderen«, die sich eines schönen Tages jäh mitten im realen Leben wiederfinden, obwohl sie bis dahin nur eine sterile, quasi geistige Parallelwelt, den Schüler- oder Studentenstatus, kannten?

Wie ich zuvor berichtete, fand ich mich eines Abends auf einer Bühne wieder und spielte Gitarre – wie jeden Tag, nur diesmal eben in der Öffentlichkeit. Natürlich hatte ich mich auf dieses Ereignis vorbereitet, nicht mit dem Ziel, eine Prüfung zu bestehen, sondern um die bestmögliche Vorstellung zu geben. Dieser Abend war etwas Besonderes, aber gleichzeitig vollkommen selbstverständlich, er lag spontan zwischen einer Ursache und einer Wirkung, ohne dass ich zu jenem Zeitpunkt empfunden hätte, dass er einen »Übertritt ins Berufsleben« markierte. Erst im Nachhinein kann ich diese Feststellung treffen.

Ein lebendiger Lernprozess ist tief im Alltag verwurzelt; er kennt keinen Studententarif, keine Version »Pro«, er kennt keinen festgesetzten Termin der Inbetriebnahme und kein Verfallsdatum, er ist vom ersten Augenblick an verwendbar. Seine Methodik kennt weder

Hierarchie noch Chronologie; er tritt nicht in den Hintergrund während der Mittagspause oder beim Kinobesuch, er verfeinert, erweitert und spezifiziert sich mitten im Einsatz; er ist von Anfang an Bestandteil unserer Tage und Nächte. Der Geist bleibt stets aufmerksam, immer wachsam, und findet, was er benötigt, um den Lernprozess alltäglich zu nähren, auf jeder Buchseite oder in jeder Filmszene, er entdeckt Analogien, konstruiert Metaphern und Konkordanzen, um gewonnene Erkenntnisse zu verstärken (»das ist wie ...« sagen Kinder), verwandelt mittels minimaler Veränderungen die gewöhnlichsten Handgriffe in gezielte Übungen (so reinige ich eine plane Oberfläche in der Küche nie anders als mit den Gesten eines Lackierers), errichtet unablässig Brücken zwischen verschiedenen parallel ablaufenden Lernprozessen, nutzt manche darunter, um zu anderen zu gelangen, ist stets in Bewegung und webt ein Netz, dessen Motiv immer solider, klarer und persönlicher wird.

## *Das Preis-Leistungs-Verhältnis*

»Welche Vorteile hat es dir gebracht, nicht zur Schule zu gehen?«

Diese wiederkehrende, sehr typische »Journalisten-Frage« ist ein deutliches Beispiel für eine weitere Haltung, die uns fremd ist: Wir quantifizieren nicht, wir eichen nicht, wir wollen nicht aus allem Kapital schlagen und vor allem setzen wir die Elemente, die unser Leben ausmachen, nicht dem Vergleich aus. Wir ordnen sie nicht zwei unterschiedlichen Kolonnen zu, von denen die eine mit »Vorteile«, die andere mit »Nachteile« überschrieben ist.

Ich bin wirklich schockiert von dieser kurzsichtig materialistischen Gewohnheit, immer die »Vorteile« einer Wahl ausmachen zu wollen, um ihre Rentabilität im Vergleich zu einer anderen berechnen zu können.

Trifft man die wesentlichen Entscheidungen des Lebens tatsächlich anhand der Abwägung von Vor- und Nachteilen?

Diese Haltung, die dazu verleitet, gewisse Nachteile in Kauf zu nehmen, wenn sie von einer größeren Zahl an Vorteilen kompensiert werden, lässt außer Acht, dass der Begriff »Vorteil« selbst nicht universell ist.

Jeder kann im vorher erwähnten ideologischen Drive-in unter den standardisierten Menüs seine Wahl treffen – wobei alle eine ausgewogene Mischung erlesener Nachteile und entsprechender Vorteile enthalten. Anschließend ist man befriedigt und überzeugt: »Ich liebe es.« So wuchsen wir nicht auf.

Es ist mir somit unmöglich, diese Frage zu beantworten und zu quantifizieren, was es mir gebracht hat, nicht zur Schule zu gehen, denn ich möchte mich nicht mit anderen vergleichen.

## *»Das Pro und Contra« / die Diplome*

»In Bezug auf welche Punkte bedauerst du, nicht zur Schule gegangen zu sein?«

Dies ist die Zwillingsschwester der vorherigen Frage und sie folgt ihr fast systematisch.

Auch wenn meine vorherige Antwort bereits im Großen und Ganzen mein Empfinden zum Ausdruck gebracht hat, möchte ich an dieser Stelle noch etwas detaillierter auf die »Nachteile« eingehen.

Im Laufe der Jahre habe ich herausgefunden, welche Gedanken hinter dieser Frage stehen. Abgesehen von dem Verlangen, das Für und Wider einer Sache abzuwägen, möchte man hier von mir hören, auf welche Hindernisse ich im Laufe meines Weges gestoßen bin.

Zunächst möchte ich betonen, dass wir uns im Verhältnis zu den »Vorteilen« der anderen niemals in einer Position der Schwäche gefühlt haben, ebenso wenig wie wir ein Gefühl der Überlegenheit gegenüber anderen im Hinblick auf unsere »Vorteile« empfanden.

Und als Nächstes: Nein, ich bin auf keine Hindernisse gestoßen. Soweit ich zurückdenken kann, erinnere mich nicht an die Spur eines negativen Ereignisses, das ich auf den Umstand zurückführen könnte, keine Schule besucht zu haben.

Ich empfand keinerlei Schwierigkeit dabei, mich »in die Gesellschaft zu integrieren«. Ich habe auch nie das Bedürfnis erlebt, mich dort integrieren zu müssen, da ich nie außerhalb der Gesellschaft stand. Sind es nicht die Studenten, die in Gewächshäusern bewirtschaftet werden und dann eines schönen Tages in die Realität umgetopft werden?

Allen Unkenrufen zum Trotz hat mich der Umstand, keine staatlichen Abschlüsse zu besitzen, niemals behindert. Keiner der Berufe oder Posten, die ich anstrebte, wurde mir versagt. Und das aus einem einfachen Grund: Meine Kompetenz in dem jeweiligen Fachgebiet öffnete mir die Türen.

Der entscheidende Schlüssel im realen Berufsalltag, den jeder aus der Praxis kennt und dort niemand bestreiten wird, ist dieser: ***Kompetenz geht über Qualifikation.*** Doch obwohl die meisten Menschen auch in unseren Breiten unzählige Male selbst zu dieser Feststellung gelangten, predigen sie mit Überzeugung, dass man es ohne Titel zu nichts bringen kann.

Und dies, während die Geschichte voll von berühmten Beispielen ist: Küchenhilfen, die genug Selbstvertrauen haben, um zu sagen: »Vertrauen Sie mir den Posten an!« – und dann Milliardäre werden ... Ich habe solche Leute getroffen.

Und welcher Firmenchef, der sich einem schwierigen Problem gegenübersieht, wird sich einem Lösungsvorschlag verschließen, der von einer Person mit dem nötigen Sachverstand kommt, mit der Begründung, dass dieser der notwendige Abschluss fehle?

Bis heute habe ich mich nie um Stellen beworben. In den Strukturen, in denen ich arbeitete, habe ich nach einiger Zeit oftmals leitende Positionen eingenommen. Nicht aus einem Karrierestreben heraus, nicht aus Ehrgeiz, sondern weil meine Haltung, mein Einsatz, mein zwangsläufig aufrichtiges Engagement (ich habe mich nie irgendwo aus Versehen wiedergefunden, sondern immer aus Passion) und vor allem die Kompetenz, die ich an den Tag legte, mich ganz selbstverständlich dorthin führten. Ich habe niemals meinen Weg verlassen, Konzessionen gemacht, einem Vorgesetzten geschmeichelt, bin nie vor jemandem gekrochen, um einen »guten Eindruck« zu machen.

Da ich während meiner Kindheit nie Pflichteifer zeigen musste, um eine gute Note zu erhalten, habe ich auch in meinem Berufsleben diese Haltung nie eingenommen. Ich habe mich niemals einer Aufgabe angenommen mit dem Ziel, auf mich aufmerksam zu machen, sondern einfach aus der natürlichen Liebe zu gut gemachter Arbeit heraus. Wobei gut gemachte Arbeit für jemanden, der seine Arbeit liebt, ein überflüssiger Pleonasmus ist.

Didier las meine Texte im Internetforum des Magazins, das er leitete. Er bemerkte, dass sie Anklang fanden, erkannte meinen Sachverstand und meine Liebe für eben die beiden Gebiete, die ihn interessierten – die Gitarre und das Schreiben –, und er bot mir an, mit ihm zu arbeiten. Ist das nicht einfach?

## *Der Traum der Eltern*

»Und wenn du nun Arzt, Anwalt, Ingenieur oder Architekt hättest werden wollen?«

Ein weiterer Klassiker ...

Auf der Erde wimmelte es nur so vor Ärzten, Anwälten, Ingenieuren und Architekten, würde sich der Ehrgeiz aller Eltern verwirklichen.

Die Tatsache, dass stets diese vier Berufe genannt werden, weist auf zweierlei hin:

Erstens: Diese vier Tätigkeiten werden auf ein Podest gehoben, was stillschweigend und unvermeidbar eine Abwertung der übrigen Berufe nach sich zieht.

Zweitens: Die Menschen, die andere Berufe ausüben, fühlen sich Ärzten, Anwälten, Ingenieuren und Architekten unterlegen. Heutzutage wird es oft als Handicap angesehen, sein Studium weniger erfolgreich bestritten zu haben, ein weniger prestigeträchtiges Studium absolviert oder eine weniger gute Schule besucht zu haben.

Mit diesem Stigma muss die Mehrheit der Menschen leben – »ach, mein Bruder hat was Besseres studiert als ich ...«

Als ich zu jener Fernsehtalkshow eingeladen war (die im Übrigen so großen Erfolg bei den Produzenten hatte, dass man uns – was noch nie vorgekommen war – bat, direkt im Anschluss daran eine weitere Folge für den nächsten Tag zu drehen), erlebte ich eine besonders amüsante Bestätigung dieses Geistes. Wie die meisten Live-Sendungen wurde auch unsere in Wirklichkeit zuvor aufgezeichnet. Während man uns vorbereitete, brachte ein offizieller »Chorleiter« das Publikum in Stimmung. Er trug Kopfhörer, war verkabelt, so positioniert, dass er nicht ins Blickfeld der Kamera kam, und stellte sich dem »gemischten«, doch in Wirklichkeit sorgfältig ausgewählten Publikum als sein Dirigent vor: »Behalten Sie mich immer im Blick. Wenn ich die Daumen hochrecke, dann applaudieren Sie. Wenn ich mit ihnen nach unten zeige, dann buhen, protestieren oder pfeifen Sie!«

Nun ja, und als ich dann in der Sendung erzählte, dass ich Gitarrenbauer sei, senkte dieser Mann nach einem kurzen Blick auf seine Vorgesetzten die Daumen und leitete eine Woge enthusiastischer Buhrufe ein – trotz der nahezu mystischen Aura, welche den Instrumentenbau für gewöhnlich umgibt ...

... und gleichzeitig werden in den großen multinationalen Konzernen für Computertechnik keine diplomierten Ingenieure, sondern blutjunge, noch minderjährige Script-kiddies zur Entwicklung der Software angestellt, weil diese das so virtuos beherrschen, dass die aus Legitimationsgründen anwesenden Ingenieure gestehen, dem Ganzen nicht folgen zu können. Man macht diesen Jugendlichen den Weg frei, und niemanden interessiert es, dass sie keinerlei Ausbildung oder Abschluss haben.

Was soll man von einer Gesellschaft halten, die mehr Architekten als Maurer ausbildet?

Wenn ich Arzt hätte werden wollen, wäre ich Arzt geworden.

Dafür hätten sich mir zwei Wege geboten:

Erstens: das klassische Studium. Jeder kann zu welchem Zeitpunkt auch immer einen traditionellen Ausbildungsweg einschlagen, als Externer zu den Abiturprüfungen antreten usw. Ich kenne andere Menschen, die keine Schule besuchten und diesen Weg wählten. Und wohlgemerkt mit Erfolg, denn es handelte sich um eine reife Entscheidung, das heißt, sie war von einem starken Interesse getragen und wurde in vollkommener Kenntnis der Sachlage sowie des zu erwartenden Parcours getroffen.

Zweitens: die Entscheidung für eine nicht akademische Richtung der Medizin. Angesichts meiner Überzeugungen hätte ich wohl diesen alternativen Weg gewählt. Ich hätte mir die nötige Zeit genommen, eine solide Ausbildung zu machen, und ebenso wie in anderen Wissensgebieten meine Lehrjahre nicht damit zugebracht, irgendein Wissen einzupauken. Ich hätte auch in diesem Bereich niemals blindlings einem Gütesiegel vertraut, sondern hätte die Zusammenhänge jedes Lehrsatzes analysiert, um meine Entscheidungen aufgrund eigenen Wissens verantworten zu können. Und ich bin mir sicher, dass ich auch in diesem Bereich eine Kompetenz erlangt hätte, die gewichtiger gewesen wäre als ein offizieller Abschluss und mir einen treuen Patientenstamm gesichert hätte. Und ich hoffe, dass ich auch in diesem Beruf in der Lage gewesen wäre, mich selbst immer wieder in Frage zu stellen, neue Wege zu erkunden und meinen Geist daran zu hindern, sich auf den erworbenen Kenntnissen auszuruhen.

## *Kein Weg, den jeder gehen kann*

Die folgenden drei Fragen haben denselben Leitgedanken.

Der Satz, der das folgende Thema in meinen Augen am besten versinnbildlicht, stammt von einem Vertreter des Schulministeriums, der zu einer Schweizer Talkshow als mein »Gegenspieler« eingeladen war.

Er spielte ihn ganz zum Schluss beim Rückzug seiner Truppen aus, nachdem es ihm mit keinem Angriff gelungen war, seine Stellung zu verbessern oder aber mich zu blockieren. Nach einem heftigen Gefecht, das er seit Beginn der Sendung ganz allein geführt hatte und aus dem er nicht als Sieger hervorging (was nicht mein Verdienst, sondern dem Umstand geschuldet war, dass ich im Gegensatz zu ihm nichts zu verteidigen und nichts zu verkaufen hatte), nun also, ganz zum Schluss, setzte er zu seinem Todesstoß an, von dem er wusste, dass er ihm mit großer Wahrscheinlichkeit den Popularitätssieg einbringen würde:

»Sie berichten von einer bemerkenswerten, individuellen Geschichte, und immer wieder treffen wir auf wunderbare Ausnahmefälle dieser Art. Aber wir dürfen nicht vergessen, dass solch ein Weg einigen Privilegierten und Wohlhabenden vorbehalten ist: Die Aufgabe der Schule ist es, sich um all die anderen zu kümmern!«

Aber, mein Herr, sehen Sie nicht, dass Sie das Wasser zu meinen Mühlen leiten? Sehen Sie nicht, dass ich für eine Vielzahl individueller Geschichten plädiere? Sehen Sie nicht, dass Sie unter dem Deckmantel der Chancengleichheit eine passive Vereinheitlichung anbieten? Sehen

Sie nicht, dass Sie sich allen anderen gegenüber – die Sie ausnahmslos als Benachteiligte darstellen, die einer führenden, ordnenden Hand bedürfen – arrogant verhalten?

Doch ich kann Sie verstehen: Wenn Sie Ihrer Herde meinen Weg als Ausnahme, als gefährliches Abenteuer präsentieren, sinkt die Gefahr, dass einer der Zuhörer anfängt, darüber nachzudenken.

Viele, die meine Schilderung hören, verschanzen sich zunächst hinter der Überzeugung, dass so etwas für sie nicht möglich sei oder zumindest dass es der Masse unmöglich sei – als ob die Masse ihren Weg bestimme.

»Nicht alle Kinder sind in der Lage, so zu lernen wie du, manche muss man dazu antreiben; und vor allem sind nicht alle Eltern in der Lage, das zu tun, was deine getan haben – deine Eltern sind gebildet und intelligent!«

Ich habe festgestellt, dass das Kind, das man in einem System »organisiert«, in dem das Erreichen der Durchschnittsnote zufriedenstellt, Dienst nach Vorschrift macht. Man spricht vom Motivieren des Kindes: Es würde genügen, es spielen zu lassen.

Man bemüht sich, das Interesse des Kindes für Gebiete zu wecken, die es vernachlässigt, dabei würde es genügen, ihm die Möglichkeit zu geben, sich denen zu widmen, die es interessieren. Und schließlich verfällt man »zu seinem eigenen Besten« auf einen üblen Handel: Man dressiert das Kind wie ein Tier, indem man es mit schlechten Noten bestraft und mit guten Noten belohnt.

Schauen Sie sich ein ganz kleines Kind an, schauen Sie sich seinen wissensdurstigen Blick auf die Welt an. Glauben Sie wirklich, dass man es antreiben muss?

Wenn es nicht gerade schläft, besteht sein Leben einzig in der Aufnahme von Flüssigkeit und Nahrung, um seinen Körper aufzubauen, und in der Aufnahme von Eindrücken, Bildern und Zusammenhängen, um seinen Geist zu entwickeln.

Die Entdeckung und Aufnahme von Dingen erfolgen beim Kind gemäß einem Prozess, einer Chronologie und einem Blickwinkel, die ihm ureigen oder auf die jeweilige Umwelt zurückzuführen sind, die ja auch ein spezifischer Teil seiner eigenen Geschichte ist. Niemand entscheidet an seiner Stelle, wann es Zeit für eine bestimmte Entdeckung ist, niemand zwingt die Entwicklung dieses dreidimensionalen Netzes in ein Programm oder einen Zeitplan, es webt sich selbstständig, breitet sich in alle Richtungen gleichzeitig aus.

Wenn das Kind etwas älter ist, beginnt es auf seine Art und Weise, Handlungen, die es beobachtet, nachzuahmen. Das Spiel ist geboren. Es wird zum wichtigsten Faktor seines Lernprozesses und sorgt für die unablässige Wiederholung, durch die sich das Erlernte verfeinert und verankert.

Auf diese Weise lernt ein Kind gehen; auf diese Weise erlernt es die Muttersprache. Es spricht seine ersten Worte, spielt mit seinen Lieblingslauten, die von Kind zu Kind vollkommen unterschiedlich sind. Noch hat niemand eine vereinheitlichte Methode zum Erlernen der Muttersprache durchgesetzt.

Nun, jedes Kind könnte nach demselben Prinzip auch alles Übrige kennenlernen und verinnerlichen, wobei das »Übrige« selbstverständlich nur individuell und nicht normierbar ist. Stattdessen wird sein Elan jäh unterbrochen, um ihm eine Methodik und einen Rhythmus aufzuzwingen, die ihm fremdartig und willkürlich entgegenstehen.

Wie könnten die Bildung oder das »intellektuelle Niveau« der Eltern für ein Kind ausschlaggebend sein, dessen Bedürfnisse und Begeisterung man respektiert, das die Welt nach seinem eigenen Rhythmus entdeckt, das nach und nach Dinge erlernt, indem es seinen Interessen folgt, dessen Wirklichkeit und dessen Unabhängigkeit bei der Wahl seiner Interessengebiete – egal, ob das Interesse von Dauer oder vorübergehend ist – man nicht stört, das frei auf das zugehen kann, wovon es sich angezogen fühlt? Es liegt auf der Hand, dass ein Kind, das damit beschäftigt ist, sein eigenes Leben zu gestalten, es nicht nötig hat, die Bildung seiner Eltern zu übernehmen. Es erschafft sich seine ganz eigene Bildung.

Außergewöhnlich an meinen Eltern war, dass sie diese Wahl getroffen haben, sowie die Haltung, die sich daraus ergab.

Aber jeder gut informierte und aufrichtig entschlossene Mensch kann sich ebenso für diesen Weg entscheiden; Voraussetzungen dafür sind nicht Bildung oder ein bestimmtes intellektuelles Niveau, sondern Überzeugung, Liebe, Beständigkeit, Aufgeschlossenheit, Respekt und Vertrauen.

»Ich verfüge nicht über ausreichende Kenntnisse, um mein Kind auszubilden.«

Diese Befürchtung beruht auf einem grundlegenden Irrtum: nämlich dem, zu glauben, dass die Eltern eines Kindes, das keine Schule besucht, den Lehrer ersetzen müssen, mit ihm am Tisch sitzen und Unterrichtsstunden abhalten müssen.

Dieses Modell nennt man »Hausunterricht« oder Homeschooling. Das ist etwas ganz anderes als das, was ich erlebt habe.

Ein Kind erschafft sich sowieso seine eigene Bildung und übernimmt nicht das Wissen seiner Eltern. Es ist also vollkommen überflüssig, sich abzumühen, um ein Buffet an Lernangeboten zusammenzustellen, wie das manche Eltern zu müssen meinen. Denn ihre Auswahl ist zwangsläufig niemals vollständig und die Zusammenstellung wird stets die subjektiven Vorlieben desjenigen widerspiegeln, der sie vornimmt. Aber vor allem wird jedes freie Kind die Elemente seiner Lernprozesse dort pflücken, wohin es seine Schritte, sein Instinkt und seine Suche führen. Das macht jede Planung überflüssig.

Ebenso wenig muss man sich in der Lage fühlen, auf alle Fragen, die ein Kind stellen könnte, eine Antwort zu wissen. Vorausgesetzt, das Kind stellt Fragen, wird es sowieso genau die Fragen stellen, mit denen sie nicht rechnen – was wiederum viele gemeinsame Entdeckungen und Forschungen ermöglicht.

Ihre Bildung und die Antworten, die sie geben können, gehören zu dem häuslichen Wissensschatz, aus dem ein Kind implizit und stillschweigend schöpft, ebenso wie es ihn wiederum mit seinen eigenen Erkenntnissen bereichert.

»Aber dafür muss man das Geld haben!«

Falsch: Überzeugung, Liebe, Beständigkeit, Aufgeschlossenheit, Respekt und Vertrauen kosten kein Geld.

Alles andere ist eine Frage der Prioritäten und des Einfallsreichtums.

Wir waren nie eine wohlhabende Familie. Für uns hatte es Priorität, zusammen zu sein. Wir opferten Entwicklungsmöglichkeiten nicht der finanziellen Sicherheit und machten aus unserem Zuhause einen Ort des Friedens. Wir begnügten uns mit wenig, aber verzichteten nicht auf das Wahre. Unsere Prioritäten mögen seltsam erscheinen: Wir hatten keinen Fernseher und somit keine Notwendigkeit, einen neueren zu kaufen; unser Simca wurde gefahren, bis er auseinanderfiel, ohne dass wir vorher das Bedürfnis hatten, ihn durch ein neues Auto zu ersetzen; wir mussten keine teuren Urlaube oder Freizeitaktivitäten finanzieren, um Zeit miteinander zu verbringen oder uns vom Alltag zu erholen, denn er ermüdete uns nicht; wir hatten nicht das Bedürfnis, nach der neuesten Mode gekleidet zu sein. Dagegen verzichteten wir unter keinen Umständen auf Bücher oder Schallplatten und gingen keinerlei Kompromisse bei der Qualität der Nahrungsmittel ein.

Papa und Mama mussten uns ihre Liebe nicht mit riesigen Geschenken beweisen. Für uns zählte nicht die Quantität, sondern die Qualität der Spielsachen, und auch hier bildeten wir uns eigenständig eine Meinung und ließen uns nicht von der Werbung und den Anpreisungen von Neuheiten bei unserer Wahl lenken.

Weihnachten oder Geburtstage wurden nicht von Magenverstimmungen und hohen Ausgaben beherrscht, sondern waren Tage einer gewissen Besinnlichkeit und Kreativität. Unsere Eltern benötigten keinen Wunschzettel für die Weihnachtsgeschenke – der Wunschzettel ist eine bequeme Erfindung für Eltern ohne Ideen und Zeit, die ihre Kinder selten sehen und deshalb ihre Neigungen, Interessen und Wünsche nicht kennen und auch nicht wissen, wie sie die Kinder überraschen sollen. Wir entdeckten beglückt die Dinge, die unsere Eltern für uns gewählt oder gefertigt hatten, während Kinder heutzutage oftmals enttäuscht sind, nicht alles zu bekommen, was sie sich gewünscht haben – symptomatisch hierfür ist, nebenbei bemerkt, der Umstand, dass Kinder heute fragen: »Kaufst du mir ...?« und nicht mehr: »Schenkst du mir ...?«

Der Konsum von Trostpreisen ist teuer.

Glücklich, frei und zusammen zu sein ist sehr erschwinglich.

## *Einige falsche Vorstellungen*

1.) »Wenn du nicht in der Schule warst, heißt das, du saßt den ganzen Tag mit deinen Eltern zu Hause?«

Das ist ein seltsamer Rückschluss: Warum sollte der Umstand, nicht zur Schule zu gehen, zwangsläufig bedeuten, dass man zu Hause bleibt?! Es gibt doch noch andere Möglichkeiten als »nur in der Schule« und »nur zu Hause«!

Und eine weitere falsche Schlussfolgerung wird hier gezogen: Warum sollte der Umstand, nicht zur Schule zu gehen, zwangsläufig dazu führen, dass man die ganze Zeit mit seinen Eltern zusammen sein muss? Auch hier gibt es doch wohl weitere Möglichkeiten, als entweder bei den Lehrern oder bei den Eltern zu sein!

Da Sie die vorangegangenen Kapitel gelesen und beobachtet haben, wie meine Kindheit verlief, muss ich Ihnen nicht erklären, welche Vielfalt an Orten und Menschen meinen Alltag bestimmte.

Ich glaube, dass die Kinder, die den Großteil ihrer Zeit an einem Ort mit denselben Menschen eingeschlossen sind ... ganz woanders zu finden sind ...

2.) »Du hast also nur gespielt? Du hast nicht gelernt?«

Diese Gegenüberstellung ist in meinen Augen absurd und unpassend.

Spielen ist für alle Menschen- und Tierkinder das wesentliche Lernmittel. Für mich bilden Spiel und Lernen eine untrennbare Einheit. Es ist mir schleierhaft, wie man diesen Antagonismus zwischen der als seriös eingestuften, vorrangigen Aktivität des Lernens und dem fast schon geächteten, zur Pausenbeschäftigung degradierten Spiel schaffen und aufrechterhalten kann!

Dennoch: Wer hat nicht mindestens einmal den Satz gehört: »Wenn du fertig bist mit Herumspielen, machst du dich aber an das Lernen, ja?«

Das Schlimmste ist, dass diese Bewertungen sehr schnell vom Kind verinnerlicht werden. Dem Spiel, dem Vorrecht der Kleinen, wird nur ein Existenzminimum zugestanden. Und dieselben Menschen, die ein Kind beim Erledigen seiner Hausaufgaben mit großer Umsicht und Rücksichtnahme umgeben, wundern sich, dass bei uns zu Hause niemand mein Spiel gestört oder unterbrochen hat.

Im Übrigen schenkte man uns Kindern auf diese Weise eine große Gelassenheit: Da wir uns die Zeit zum Spielen nicht erkämpfen mussten, fiel es uns nicht schwer, das Spiel zu unterbrechen, um beispielsweise zu essen oder zu schlafen. Wir wussten, dass wir es nach der Mahlzeit oder am nächsten Morgen, ohne den Faden zu verlieren, wieder aufnehmen würden.

Dieses Gefühl der Sicherheit wurde von einem großen Vertrauen begleitet. Unsere Eltern versuchten weder, uns zu überlisten, noch uns etwas vorzumachen. Sie verfielen nicht in albernes Gerede, sie griffen nicht auf Finten zurück und feilschten nicht; ein Satz wie »Wenn du das machst, bekommst du dieses oder jenes!« fiel bei uns nie. Unsere Eltern waren nie Gegner, sie waren nie willkürlich und wir hegten nie Argwohn gegen sie oder fürchteten ihre Einmischung und Übergriffe. Wenn einer von ihnen »Nein« sagte, wussten wir, dass es einen guten Grund dafür gab, selbst wenn er für uns vielleicht nicht klar war. Gehorsam, dieses hässliche, aber sehr beliebte Wort, war kein Akt der Unterwerfung, sondern eine natürliche Folge des großen Vertrauens, das wir in unsere Eltern hatten.

3.) »Ich möchte nicht auf meine Karriere verzichten, um mich um die Erziehung meiner Kinder zu kümmern.«

Mama und Papa haben sich nicht »um unsere Erziehung gekümmert«, wie Sie in den vorhergehenden Kapiteln feststellen konnten. Dennoch hätte keiner von beiden darauf verzichtet, unsere Kindheit mitzuerleben, Teil davon zu sein. Ihre Karriere nahm dadurch einen anderen Verlauf, doch sie wurde keineswegs unterbrochen, denn wie ich bereits zuvor bemerkte, kennen wir keine Trennung von Arbeit und Freizeit, von Privat- und Berufsleben, von persönlicher Entfaltung und Familienleben, von Kind und Erwachsenem, von Frau und Mann. Mit der Ankunft von uns Kindern wurde eine neue Konstellation, ein neues Leben geschaffen, zu dem wir, ohne dass Abstriche gemacht wurden, hinzukamen.

Von unserer Zeugung an haben unsere Eltern, entgegen den Gestaltungsmöglichkeiten der modernen Gesellschaft, nie in Betracht gezogen, dasselbe Leben zu führen wie zuvor.

Die gegenwärtige Gesellschaft belässt die Menschen in den Zweifeln an ihren eigenen Fähigkeiten. Zur Beruhigung stellt sie ihnen einen ganzen Katalog an genormten Optionen zur Verfügung, die es erlauben, die meisten Verantwortlichkeiten an höhere Instanzen abzugeben. Deren weiße Kittel lassen auf ihren Sachverstand schließen und ihre Expertise ermutigt dazu, sich auch im Hinblick auf die Elternschaft nicht auf Natur und Instinkt zu verlassen. So haben die Eltern jemanden, an den sie sich erleichtert wenden können, der dazu gedacht ist, besser als sie selbst zu wissen, wie eine geregelte Schwangerschaft, eine sichere Geburt und eine effiziente Erziehung abzulaufen haben.

## *Wahlmöglichkeiten / Ausgrenzung*

»Haben dir deine Eltern die Wahl gelassen?«

Meine Eltern haben eine Wahl getroffen, nicht in Abhängigkeit von Konventionen, sondern aufgrund ihrer Überzeugungen. Und das ist gut so. Es lag in ihrer Verantwortung.

Alle Eltern treffen Entscheidungen für ihre Kinder, so wählen sie den Vornamen oder entscheiden, den Wohnsitz nicht auf einem Minenfeld zu errichten.

Und das ist gut so. Die Gesamtheit dieser Entscheidungen bestimmt die Farben, die Gerüche, den Geschmack des jeweiligen Umfelds, in dem das Kind heranwächst; sie definieren – mehr noch als der Breitengrad – seine Herkunft, sein Zuhause, sein Geborgenheitsgefühl, seine Kindheitserinnerungen und seine späteren Vorlieben als Erwachsener.

Meine Eltern haben diese Entscheidungen frei getroffen, und da sie sich nicht an den Maßstäben einer etablierten Ordnung orientierten, hätte es sie nicht schockiert, wenn wir zu gegebener Zeit andere, eigene Entscheidungen getroffen hätten.

Tatsächlich verspürte ich nie den Wunsch, zur Schule zu gehen, nicht einmal »nur um zu sehen, wie es ist«. Warum? Weil ich glücklich war, weil es mir an nichts fehlte, weil ich mich mitten im Leben, inmitten der Gesellschaft in natürlicher Größe fühlte und weil zu den Geschmacksrichtungen, den Gerüchen, Farben und Entscheidungen, die mein Elternhaus ausmachten, die bei uns ganz selbstverständliche Entscheidung gehörte, uns nicht zur Schule zu schicken.

Und dann waren da die anderen Kinder, die immer ihre Spiele unterbrechen mussten, um ihre Hausaufgaben zu erledigen, und die, sobald sie hörten, dass ich nicht zur Schule ging, regelmäßig ausriefen: »Oh!? Hast du ein Glück!«

Sehr bald bildete ich mir anhand meiner Eindrücke eine eigene Meinung und kam zu dem Schluss, dass meine Lage irgendwie beneidenswert war.

Und nebenbei beantwortet das eine weitere Frage, die mir oft gestellt wird: »Hast du dich gegenüber den anderen Kindern nicht ausgegrenzt gefühlt?«

## *Der Durchschnitt*

»Hast du den Eindruck, im Vergleich zu den Menschen, die zur Schule gingen, weniger oder mehr zu wissen? Hat es dich nie interessiert, wo du im Verhältnis zum Durchschnitt stehst? Glaubst du nicht, dass du Wissenslücken hast?«[6]

Was ich bereits zu den Vor- und Nachteilen gesagt habe, trifft auch hier zu: Ich vergleiche mich nicht mit anderen.

Meine Kenntnisse, die sich ständig weiterentwickeln, werden von meinen Begegnungen, Vorlieben und beruflichen Aufgaben geformt. Mein Ziel ist es somit nicht, aus einem Selbstzweck heraus Lücken aufzuspüren. Gegebenenfalls zeigen sie sich im Rahmen meiner Begegnungen, Vorlieben und Aufgaben. So werden manche unbemerkt bleiben, weil sie außerhalb meiner derzeitigen Betätigungsfelder und Interessen liegen, andere zeigen sich, wenn ich irgendwo im Einsatz bin, und werden dann geschlossen. Lücken sind keine Gräuel, sondern neue Forschungsgebiete, die sich auftun. Eine echte Lücke wäre es, wenn man sich nicht seiner Mittel bediente, diese zu schließen.

Mein Wissen entspricht genau den Erfordernissen meines Alltags und ist in diesem Rahmen umfassend. Wie sollte ich das mit den Eigenheiten anderer Menschen vergleichen?

Warum sollte ich mich in Bezug auf den sakrosankten Durchschnitt positionieren wollen, diesem Mittelwert, anhand dessen man die Schüler bewertet und einordnet, da es mir doch auf die Vielfalt der Individuen ankommt?

Und was bedeutet »Durchschnitt« überhaupt?

Der Durchschnitt ermöglicht es, einen Kompromiss zwischen Lücken und auswendig Gelerntem herzustellen und dieses Verhältnis in Zahlen auszudrücken.[7]

Jene, die man hat glauben lassen, der Durchschnitt sei ausreichend, wurden getäuscht. So gibt es bei einem gut benoteten Aufsatz für eine erbärmliche Rechtschreibung zwar einen Punktabzug, doch insgesamt ist es dennoch möglich, mit dieser Leistung durch die Prüfungen zu kommen. Das mag in der Schule funktionieren, doch nicht in der beruflichen Wirklichkeit. Denjenigen, die sich als Versager fühlen – Rechtschreibung, Grammatik, Mathematik, Fremdsprachen, Abschlüsse etc. –, möchte ich gerne sagen: Nicht ihr habt versagt, sondern das System, das euch dies hätte beibringen sollen. Es hat euch die Vermittlung von Wissen versprochen als Gegenleistung dafür, dass ihr euch an seine Regeln haltet.

Ist diese Mission nicht gescheitert? Wie soll man einer Institution Glauben schenken, der es nicht gelingt, auch nur in Grundzügen das zu gewährleisten, dessen sie sich rühmt und wofür sie die ausschließliche Zuständigkeit beansprucht?

Und dennoch stellt man seltsamerweise niemals die Institution selbst in Frage; man schiebt die Probleme lieber auf das Kind, das man mit dem Stempel »Versager« brandmarkt, womit man Status, Haltung und Komplexe dieses Menschen für sein gesamtes weiteres Lebens vorgibt.

Nicht nur das Selbstwertgefühl des Kindes hängt davon ab, sondern genauso die Haltung seines gesamten Umfelds. Schulische Leistungen und Diplome sind wie Uniformen oder Litzen: Sie verleihen ihrem Träger einen amtlich bestätigten Status – im positiven wie im negativen Sinne – und sie bedingen die Haltung aller anderen, entscheiden darüber, ob sie dem Träger mit Respekt, Kollegialität, Herablassung oder Verachtung begegnen. Im Durchschnitt zu liegen bedeutet auch, der Norm zu entsprechen: Kennt man nur die Norm, gewöhnt man sich daran, dort zu verharren und sich in Sicherheit zu fühlen.

Der Norm zu entsprechen ist eine Garantie für einen vorbestimmten Platz in der Gesellschaft.

Ich habe nie mit Geringschätzung auf jene herabgesehen, die an die Norm glauben, aber ich habe auch nie versucht, es ihnen gleichzutun. Ihre Allgegenwart beeinflusst meine Wanderung nicht, und gegen den Strom zu schwimmen macht mir keine Angst, aber ich tue es nicht aus Prinzip.

Bei der Musterung gab es eine bezeichnende und lustige Begebenheit: Ich sollte meinen Ausbildungsstand angeben. Es gab fünf Kästchen auf dem Formular, das der Rekrut, der mit meiner Befragung betraut war, auszufüllen hatte: »Studium«, »mittlere oder höhere Schule«, »Grundschule«, »Vorschule, erstes Jahr Grundschule«, »Analphabet«. Ich passte in keine Kategorie.

»Ja, aber«, entgegnete der junge Mann ziemlich ratlos, als ich mich dagegen wehrte, dass er das Kästchen »Analphabet« ankreuzte, »wenn Sie weder ein Studium absolviert noch eine höhere oder mittlere Schulausbildung haben oder die Grund- oder Vorschule besucht haben, dann können Sie doch nur Analphabet sein!«

»Nein«, erklärte ich, »ich bin kein Analphabet: Ich kann lesen und schreiben. Sie sehen doch selbst, dass ich dieses Formular hier ausgefüllt habe.«

Daraufhin entgegnete der Rekrut: »Ich will Ihnen ja gerne glauben, aber was soll ich machen, ich habe kein Kästchen für Sie!«

## *Sofortige Abschaffung der Schule für alle?*

»Du bist also für die Abschaffung der Schule? Aber was passiert dann mit all den Kindern, deren Eltern arbeiten müssen oder Alkoholiker, Drogenabhängige, Kriminelle sind?«

Ich muss immer wieder betonen, dass ich nicht für eine Abschaffung der Schule kämpfe und ohnehin keine Universallösung anzubieten habe. Ganz im Gegenteil, denn ich glaube nur an individuelle Lösungen!

Aber um diese zu finden, braucht es allenthalben eine umfassende Information. Dazu – und nur dazu – soll mein Bericht gut sein.

Ich stelle den Schulbesuch und den Verzicht darauf nicht als Gegensätze einander gegenüber. Ich plädiere nicht dafür, das eine Dogma und Programm durch ein anderes zu ersetzen.

Ich trete in keiner Weise für eine Abschaffung der Schule ein – das wäre angesichts der gegenwärtigen Sachlage fatal. Es gäbe sicher viele Eltern, die mit dieser neuen Situation überhaupt nicht umgehen könnten oder wollten. Und angesichts der derzeitigen Lebensumstände vieler Menschen wäre es unrealistisch, wenn nicht sogar gefährlich, ihre Kinder nicht zur Schule zu schicken.

Doch wie steht es mit all denjenigen, für die es machbar und vielleicht wünschenswert wäre, die jedoch nichts über das Leben ohne Schule wissen? Ihnen wird, so hoffe ich, dieses Buch Inspiration zu einer neuen Denkweise sein.

Wer seine Überzeugungen respektiert, in vollem Bewusstsein eigene Entscheidungen trifft, seine Einzigartigkeit achtet und die eigene Zukunft selbst in die Hand nimmt, trägt implizit mehr zum Fortschritt der Welt und der Entstehung neuer Paradigmen bei als diejenigen, die versuchen, die Massen zu indoktrinieren.

## *Coda*

Mein Buch geht nun zu Ende. Wie eingangs gesagt, handelt es sich dabei weder um eine Anleitung zum Nonkonformismus noch um eine Sammlung von Patentrezepten oder eine Autobiografie, sondern vielmehr um einen Bericht. Meine Erlebnisse, meine Lernprozesse, die Art und Weise, wie und wann ich mir Fähigkeiten und Fertigkeiten angeeignet habe, sind Teil einer vollkommen persönlichen Entwicklung. Der Versuch, sie zu verallgemeinern oder auf jemand anderen zu übertragen, wäre unsinnig.

Doch ebenso abwegig wäre es zu glauben, dass dieses Buch die Geschichte eines außergewöhnlichen, eines hochbegabten Kindes erzählt. Jedes Kind in einer vergleichbaren Lage würde auf seine eigene Weise eine ebenso facettenreiche, vielseitige und einzigartige Entwicklung durchlaufen.

Die Möglichkeit dazu möchte ich meinen Kindern schenken.

**1** *Association pour le Développement de l'Animation Culturelle*: ein von der Stadt Paris subventionierter Verein zur Förderung von Kulturprogrammen. Wie man im Folgenden sehen wird, habe ich ihm viel zu verdanken.

**2** Ich erinnere mich an ein Sachbuch über das alte Rom, das Mama mir vorgelesen hatte. Ich diktierte daraufhin der Sekretärin meines Vaters meine persönliche, teils etwas ausgeschmückte Zusammenfassung, die sie für mich mit der Maschine abtippte. Besonders das Foto eines römischen Brotes, das auf wundersame Weise all die Zeit überdauert hatte, beeindruckte mich.

**3** Ich wollte schon sehr früh Gitarrenunterricht geben. Nachdem ich eine hübsche Broschüre gestaltet hatte, kamen die ersten Schüler. Manche suchte ich auch zu Hause auf; in meinem Eifer durchquerte ich halb Paris für ein paar Francs. Im Laufe von Hunderten von Unterrichtsstunden entwickelte ich eine ganz eigene »Methode«, die ich »physio-logisch« nenne. Auf diese Weise habe ich so manches Gitarrenwunder kennengelernt, Erwachsene und Kinder, die für dieses Instrument geboren scheinen, aber von dem herkömmlichen Lehrkonzept abgeschreckt wurden. Sie blühen auf und bestätigen mich jeden Tag in meiner Überzeugung, dass man zum Spielen von Musik ... spielen – und eine so solide Technik aufbauen muss, dass man bald nicht mehr darüber nachdenkt. Ich habe mittlerweile unzählige Gitarrenstunden gegeben – und unterrichte immer noch – und eine war fröhlicher als die andere, denn sie wurden weder aus Zwang gegeben noch aus Zwang genommen.

**4** Der Begriff electroclassic® bezeichnet ein musikalisches Genre, das auf den folgenden Prinzipien beruht:

1. Verknüpfung von klassischer und elektronischer Musik.
2. Jeder Ton wird vom Instrumentalisten in dem Augenblick gespielt, in dem man ihn vernimmt. Das Gerät nimmt lediglich die Umwandlung der Töne vor, hat aber keinen Einfluss auf ihre Erzeugung oder Anzahl.
3. Studiotechniken werden lediglich zur Optimierung der Wiedergabe- oder Aufnahmequalität eingesetzt, nicht aber um einzeln aufgenommene Tonspuren übereinanderzulegen.

**5** Eigentümlicherweise unterscheidet man ja zwischen Menschen- und Kinderrechten.

**6** Ist der Schulbesuch eine Garantie für die Vermeidung von Lücken?

**7** Laut Wikipedia, Frankreich: eine »Glättung von Werten«.

ZABERT
SANDMANN

Maximilian Dorner
**Mein Dämon ist ein Stubenhocker**
Aus dem Tagebuch eines Behinderten
ISBN 978-3-89883-198-7
168 Seiten, 16,95 [D], 17,50 [A], 30,90 sFr

Dorothee von Meding/Hans Sarkowicz
**Philipp von Boeselager – Der letzte Zeuge des 20. Juli 1944**
ISBN 978-3-89883-201-4
192 Seiten, 19,95 [D], 20,60 [A], 35,90 sFr

Bernhard von Dadelsen (Hg.)
**Aufbruch ins Morgenland**
ISBN 978-3-89883-230-4
224 Seiten, 19,95 [D], 20,60 [A], 35,90 sFr

Michael Bordt SJ
**Was in Krisen zählt**
Die Antworten eines Jesuiten auf die Fagen, die wir uns jetzt stellen
ISBN 978-3-89883-243-4
80 Seiten, 7,95 [D], 8,20 [A], 14,90 sFr

Ludger Wößmann
**Letzte Chance für gute Schulen**
Die 12 großen Irrtümer und was wir wirklich ändern müssen
ISBN 978-3-89883-187-1
184 Seiten, 16,95 [D], 17,50 [A], 30,90 sFr

Johannes Hebebrand/Claus Peter Simon
**Irrtum Übergewicht**
ISBN 978-3-89883-219-9
249 Seiten, 19,95 [D], 20,60 [A], 35,90 sFr